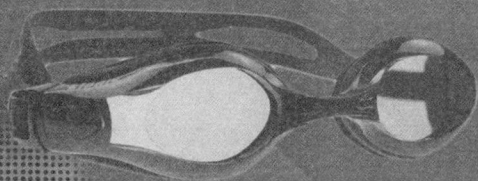

游泳

——水中之舞

盛文林/著

台海出版社

图书在版编目（CIP）数据

游泳：水中之舞 / 盛文林著. －－北京：台海
出版社，2014.7
（全民阅读体育知识读本）
ISBN 978－7－5168－0410－0

Ⅰ.①游… Ⅱ.①盛… Ⅲ.①游泳－基本知识
Ⅳ.①G861.1

中国版本图书馆 CIP 数据核字（2014）第 174912 号

游泳：水中之舞

著　者：盛文林

责任编辑：俞滟荣	装帧设计：视界创意
版式设计：林　兰	责任印制：蔡　旭

出版发行：台海出版社

地　　址：北京市朝阳区劲松南路 1 号　邮政编码：100021
电　　话：010－64041652（发行，邮购）
传　　真：010－84045799（总编室）
网　　址：www.taimeng.org.cn/thcbs/default.htm
E－mail：thcbs@126.com

经　　销：全国各地新华书店
印　　刷：北京一鑫印务有限公司
本书如有破损、缺页、装订错误，请与本社联系调换

开　　本：655×960　　　　1/16
字　　数：130 千字　　　　　　印　　张：12
版　　次：2014 年 10 月第 1 版　　印　　次：2021 年 6 月第 3 次印刷
书　　号：ISBN 978－7－5168－0410－0

定　　价：29.60 元

前　言

在现代社会，游泳很多时候不再发挥救生手段的功能，它更主要的功能体现在健身娱乐方面。游泳的健身效果十分显著，它可以促进血液循环，提高心脏的容血能力，调节血压，改善心血管系统。而且可以增强呼吸系统的功能，加大肺活量，另外，由于水是十分柔软的液体，水波浪不断对游泳者的体表进行按摩，可以使皮肤得到更好的放松和休息。

在娱乐方面，游泳得到了各年龄阶段人群的欢迎，人们自发组织各种游泳活动，不仅给人的身心带来新的挑战，还可以享受走近自然、享受生活的极大乐趣。此外，竞技游泳运动的诞生和蓬勃兴起更是极大地丰富了人们的生活。游泳作为一项竞技运动虽然诞生得晚，但发展极快，而且其内容不断充实，已经成为一项非常重要的国际性赛事，各项游泳赛事每隔一段时间都要在世界各地举行，给世界各地的人们带来一场场视觉上的饕餮盛宴。

本书从游泳这项运动的起源讲起，依次介绍了其历史发展、分类、基本技术、训练和各项规则，并补充介绍了一些游泳运动的基本术语和历史档案，可使读者全面地了解这项运动，爱上这项运动。

目　录

PART 1 运动起源

远古时候，游泳是作为一种生存的手段存在并发展起来的，随着社会的变迁，人类生存能力的逐步提高，游泳不再仅仅作为一种生存手段而存在，它渐渐有了新的社会效能，那就是娱乐健身作用，这样就为成为体育比赛项目奠定了基础。

世界古代游泳运动

人类游泳的历史非常悠久。在远古时，人类的祖先为了获取食物，不得不进入水中；为了躲避猛兽的侵袭，不得不跋山涉水；为了对抗水灾，也不得不通晓水性，就这样在生产劳动和与大自然作斗争的过程中，人类学会了游泳。刚开始，人类只是简单模仿，时间长了，便积累了各种水中行动的技能，产生了各种属于人类自身的泳姿。

在利比亚沙漠迪瑟尼的岩洞上，绘有9000年前游泳者游泳动作的壁画，这说明在那个时期的人类已经具备了水中活动的技能。在大英博物馆保存的亚述利亚遗物浮雕中，有15世纪战争中战败国赫梯人渡河逃走的场面，由此可知，当时已有侧游技能及水上救生技巧。

早期的游泳活动，只被视为贵族子女教育、士兵训练的一个重要部分。古希腊作品中，有许多与游泳有关的实物与记述。如希腊出土的公元前570年前的一个花瓶上，就能看到绘有类似现在自由泳动作的图案。希腊索伦法律中，曾规定儿童须习希腊文和游泳。当时社会上流行讽刺愚者的话是"他既不能文，也不能游泳"，可见他们对游泳的重视。

在古罗马时期，人们同样认为不会游泳与无知是一样的愚蠢。古罗马青年训练中包括有游泳项目。而且那个时候已经有了专供贵族们娱乐消遣的巨大浴场。古罗马卡拉卡拉大浴池建于公元 188～217 年，气派宏大，其中心处冷水浴池就长达 70 米。

我国古代游泳运动

我国是世界文明古国，游泳的历史也源远流长，在五千多年前的中国古代陶器上，雕刻着人类潜入水中猎取水鸟的图案。在四千多年前夏禹治水的时期，我国劳动人民在与洪水的搏斗中就已发明了不少泅水的方法。从古代绘画雕塑艺术品中，可以看到不少反映游泳的场景。如保存至今的战国时期的铜壶饰纹上的水陆攻占图中的游泳姿势，其人物动作形象栩栩如生。

约在两千五百多年前，我国的第一部诗歌总集《诗经》中就有了关于游泳活动的记载。《诗经·邶风·谷风》中有"就其浅矣，泳之游之"的诗句。这里，潜水而行叫"泳"，浮水而行叫"游"，两字合起来便成为后来的"游泳"，说明当时人们就能够利用游泳技术来克服江河的天然屏障了。

游泳活动得以不断发展，除生产劳动和军事上的原因外，游泳本身的娱乐功能也是重要的原因。人们从沐浴开始，继而在水中嬉戏，逐渐形成各种水中娱乐活动，我国春秋时期的"天池"、汉代的"太液池"等都是当时贵族常去玩乐的游泳场景。

　　我国自隋、唐以来，宫廷内还专门设立了水殿，以进行游泳、水秋千、抛水球等水嬉活动，这类活动在宋朝更是盛况空前。

　　我国的游泳比赛始于汉魏时代，那时已经出现了端午节举行游泳比赛的民间习俗，每次举办这种游泳比赛，参加的人数都很多，可谓盛况空前。

　　我国古代各时期都有关于游泳的记载，而且在长期发展中，劳动人民在实践中创造了不少游泳实用技术。

古代游泳姿势描绘图

PART 2　历史发展

　　经历了千余年的发展，游泳作为一项竞技运动终于被固定了下来，这就是现代竞技游泳运动。这项运动从诞生那一天开始，就得到了热爱运动的人们的极大欢迎，运动本身自然得到了快速的发展。如今这项运动已经成为一项国际性赛事，成为人们生活娱乐中必不可少的重要组成部分。

世界游泳运动的发展

游泳运动赛事的发展

　　近代竞技游泳运动大约开始于 19 世纪初期，首先在英国等工业发达国家中发展起来。1837 年，英国首先建立了全国游泳协会，并在人工游泳池中举行了正规的游泳比赛。

　　1893 年，英国举办了第一次游泳锦标赛。

　　1896 年第 1 届现代奥林匹克运动会在希腊雅典举行时，游泳就被列为正式比赛项目。当时只举行了 100 米、500 米和 1200 米自由泳 3 个项目的比赛。匈牙利人海奥什获得奥运历史上的第一个 100 米自由泳冠军，成绩为 1 分 22 秒 2。1900 年在法国巴黎举行第 2 届奥运会时，增加了仰泳的比赛项目。1904 年在美国圣路易举行第 3 届奥运会时，又增加了蛙泳比赛的项目。

1908 年在英国伦敦举行第 4 届奥运会时，成立了国际业余游泳联合会（简称国际游联），审定了各项游泳世界纪录，制定了国际游泳竞赛规则。从此，世界竞技游泳运动有了一个权威性管理机构和统一的规范。

1912 年，在瑞典斯德哥尔摩举行第 5 届奥运会时，增设了女子比赛项目，但当时只有 100 米自由泳和 4×100 米自由泳接力两项。在奥运会上，游泳是最早设置女子比赛的项目。

20 世纪 30 年代，一些运动员在传统蛙泳的基础上创造了蝶泳技术，造成一段时间内在蛙泳比赛中传统蛙泳与蝶式蛙泳同池竞技的局面。在 1952 年第 15 届奥运会后，国际游联决定把蛙泳和蝶泳分开，作为两个独立的项目进行比赛。至此，现代竞技游泳的泳式演化基本完成，形成了以仰泳、蛙泳、蝶泳、自由泳 4 种泳式为基本技术的游泳竞赛项目。

如今，竞技游泳又增加了两位新成员，一个是花样游泳，一个是马拉松游泳。

花样游泳于 20 世纪 20 年代在德、英、法等国兴起，最初以着装、化妆及群泳的形式出现。20 世纪 30 年代传入加拿大、美国。1956 年国际业余游泳联合会确定为正式竞技项目。1973 年在南斯拉夫举行的世界游泳锦标赛第一次列入花样游泳比赛。1984 年在第 23 届奥运会上正式举行花样游泳比赛。

1986 年，我国第一次派队参加花样游泳锦标赛，1987 年，参加在日本东京举行的第 8 届泛太平洋地区花样锦标赛，1988 年，派出花样游泳队参加第 24 届奥运会。

马拉松游泳方面，2005 年 10 月，国际奥委会在瑞士洛桑举行执委会会议，正式决定将男、女 10 千米公开水域游泳项目增设为北京奥运会的正式比赛项目。

实际上，公开水域游泳项目在世界上推广得相当广泛，自 1975 年就开始有成绩记录，成绩较好的有意大利、俄罗斯、德国、美国、英国等。我国也分别于 2002 年和 2004 年在海南承办过两次世界杯公开水域游泳赛，是亚洲最先承办国际级公开水域游泳赛事的国家。

马拉松游泳比赛中的选手在游途中

现代竞技游泳运动的发展，是以奥运会游泳比赛作为其显著标志的。从 1896 年第 1 届奥运会到 1912 年第 5 届奥运会，游泳的优势国家是德国、英国、美国，匈牙利和澳大利亚也在强国队伍中占一席之地。这一阶段竞技游泳的发展主要靠游泳技术的改进。

从 1920 年第 7 届奥运会到 1936 年第 11 届奥运会，这期间竞技游泳的发展体现在对蛙泳技术的改进和创新上。速度训练受到重视，以变速游为主的训练方法取得很大的成功。

第二次世界大战之后，从 1948 年第 14 届奥运会到 1964 年第 18 届奥运会，游泳比赛的项目和参加比赛的运动员都逐届增多。这一时期，澳大利亚异军突起，成为世界泳坛的一支劲旅，奥运游泳金牌的竞争主要在美国和澳大利亚之间进行。这一阶段，各项技术的发展很快，出现了许多技术流派，训练手段也越来越丰富。

从 1968 年第 19 届奥运会到 1988 年第 24 届奥运会，是世界竞技游泳运动全面发展、游泳训练逐渐走上科学化道路的阶段。在这一阶段，美国在游泳领域仍然占很大的优势。

从 1992 年第 25 届奥运会到 2004 年第 28 届奥运会，游泳金牌之争愈演愈烈。世界泳坛格局发生了重大变化，出现了多极化趋势，由少数几个国家垄断金牌的局面开始为较多国家共同瓜分金牌的局面所取代。

但美国的游泳实力依然强大，依然存在优势。

从最近这两届奥运会（2008 年北京奥运会和 2012 年伦敦奥运会）来看，美国，这个游泳王国实力不减，几乎处于垄断地位，此外，澳大利亚、英国、荷兰、日

齐头并进

本以及我国也人才辈出，实力也不容小觑。

为了促进世界游泳赛事的发展，国际泳联每 4 年举行 1 次世界游泳锦标赛，从 1973 年开始举办。从 1990 年开始再增办世界杯短池游泳系列赛。从 1993 年起，国际泳联又增加举办世界短池游泳锦标赛。

蛙泳技术的发展

人类最古老的游泳姿势之一就是蛙泳。它是模仿青蛙水中动作的一种游泳姿势。

早期蛙泳的特点是，两腿分得很宽，蹬水时先向两侧分开蹬直，然后再向内并拢夹水。在 1896 年第 1 届现代奥运会的自由泳比赛中，运动员们采用的都是各式各样的蛙泳或蛙式蹬腿、爬式划水的自由泳。其

蛙　泳

后，其他泳式逐渐发展起来，尤其是上下打腿的自由泳技术的出现，大大提高了游泳竞赛的水平。蛙泳则因速度较慢而处于明显不利的地位。到 1904 年第 3 届奥运会时，蛙泳成为了一个独立的比赛项目。

为了提高蛙泳的速度，人

们首先开始尝试加长划水和蹬水的距离。1907年，匈牙利运动员巴伦忌采用两臂向后划至大腿旁，两腿收到腹部再向后蹬水的动作，创造了当时1分24秒的百米蛙泳世界新纪录。采用这种技术游进时，身体像奔马一样一顿一顿地前进，故被称为"跑马式"蛙泳。

在此基础上，德国运动员改进了"跑马式"蛙泳配合不协调、游进时起伏大，速度均匀性差的弱点，缩短了划水的距离，提早收手，收腿时两脚逐渐分开，两膝朝外斜下方分开前收，接着向后做半圆形的蹬夹水。这种技术蹬腿有力，配合协调，身体位置较平，前进速度较均匀，被称为"平航式"蛙泳。

此后，日本运动员又对蛙泳技术做了改进，创造了一种被称为"高航式"的蛙泳技术。其特点是划水距离较长，划水约到腰部，划水时臂较屈、肘较高；两腿快收、快蹬，蹬直后再内夹；收手后再呼吸，游进时头、肩的位置较高。这种技术能较好地发挥手臂的作用。日本运动员采用这种技术在1932年第10届和1936年第11届奥运会上取得了优异的成绩。这一时期是现代蛙泳发展演变的第一阶段，统称为"传统蛙泳"。

20世纪30年代以后，出现了"蝶式蛙泳"。其特点是，两手划至大腿旁，然后提出水面经空中向前移臂。1936年国际游联对蛙泳竞赛规则进行了修改，允许在蛙泳比赛中采用蝶式蛙泳技术，于是在蛙泳比赛中出现了传统蛙泳和蝶式蛙泳同池竞技的局面。

游蛙泳的菲尔普斯

由于蝶式蛙泳加长了划水路线并显著减小了手臂在水中前伸的阻力，游进速度明显快于传统蛙泳，故越来越多的运动员放弃了传统蛙泳转而采用蝶式蛙泳。在1952年第15届奥运会的 200 米蛙泳比赛中，全部运动员都采用了蝶式蛙泳。这是现代蛙泳发展演变的第二阶段。

1952 年第 15 届奥运会后，国际游联作出决定把蝶式蛙泳从蛙泳中分离出来作为一个独立的竞赛项目，这就是蝶泳。从此，蛙泳技术又重新得到恢复和发展。早在 1936 年，一些日本运动员曾在蛙泳比赛中尝试过水下潜游的技术，只是由于当时"蝶式蛙泳"占有明显的优势，故潜游技术没有得到发展。

随着蝶泳的分离，人们为了提高蛙泳的速度，重新对潜泳进行了研究，发现潜泳既能充分发挥手臂划水的作用，又能有效地减小水的波浪阻力，于是"潜水蛙泳"又时兴起来。一些运动员在出发和转身后在水下潜游二三十米才浮出水面。在 1956 年第 16 届奥运会上，日本运动员古川就采用"潜水蛙泳"技术夺得了男子 200 米蛙泳的金牌。这是现代蛙泳发展演变的第三阶段。

第 16 届奥运会之后，国际游联修改了规则，对潜水蛙泳作了限制，规定除了在出发和转身后允许做一次长划臂和一次蹬腿的潜泳动作外，在整个游程中头部的一部分必须始终露出水面。由此开始，现代蛙泳的发展演变进入了第四阶段，各国运动员相继在原有技术的基础上，发挥个人特点，改进传统蛙泳，形成了众多的蛙泳流派。

1957 年，我国运动员戚烈云采用一种充分发挥腿部力量的"高航式"蛙泳技术，率先打破了国际游联新规定的百米蛙泳世界纪录标准，成了我国第一个游泳世界纪录创造者。

在 1958 年至 1959 年间，我国运动员穆祥雄结合自己臂、腿力量都很出色的特点，采用"半高航式"蛙泳技术，先后三次打破了百米蛙泳的世界纪录。1960 年，我国运动员莫国雄在以腿为主的基础上加强两臂的划水力量，采用"平航式"蛙泳技术，再次刷新了百米蛙泳世界纪录。这一时期是我国蛙泳发展的巅峰时期。

1961 年，美国运动员切特·贾斯特仑斯基以一种窄划水、窄蹬腿、晚吸气、快频率的"活塞式蹬水"技术刷新了蛙泳世界纪录。这种技术突破了蛙泳以腿为主的概念，强调臂、腿并重，窄收窄蹬，加快频率。这种技术给后来蛙泳的发展以很大的启示。

20世纪70年代中、后期以后，蛙泳更加强调发挥手臂划水的作用。运动员凭借有力的划水动作，配以快速窄蹬腿和晚吸气的技术，使上体在抬头吸气阶段升出水面很高，使蛙泳技术的发展又推进了一步。

1987年，国际游联对蛙泳竞赛规则做了修改，放宽了对蛙泳头部没入水中的限制，在一个动作周期内头部只要露出过水面就可以了，而不必始终露出水面，从而使现代蛙泳的发展演变进入了第五阶段。我国优秀女子运动员黄晓敏利用这一契机，迅速发展起一种"冲潜式"蛙泳技术。这种技术划水较宽，路线较长，通过强有力的划水使身体向前上方升起，两臂前伸时迅速低头前冲入水。蹬腿动作则与海豚式的腰腹动作很好地结合起来，能充分发挥腰、腿的力量。凭借这种先进技术，黄晓敏在1988年第24届奥运会上获得女子200米蛙泳比赛的银牌。

在1998年第8届世界游泳锦标赛上，我国运动员曾启亮采用高频率协调配合的蛙泳技术，以1分01秒76的优异成绩获得了银牌。这是近年来我国男子运动员参加世界大赛取得的最好成绩。

游进途中的黄晓敏

目前，许多优秀蛙泳运动员都采用"波浪式蛙泳"的技术。这种技术的特点是利用躯干大肌群的力量，使身体在游进中出现周期性的波浪形动作，以利于充分发挥腿部力量，并减小游进阻力。

爬泳技术的发展

爬泳也叫自由泳，是一种古老的游泳姿势。古代人类所采用的泅水姿势中就有很多类似于自由泳的动作。

19 世纪早期的游泳比赛是不区分泳式的，运动员们大多游的是蛙泳。为了游得更快而能在比赛中取胜，人们不断地尝试着各种各样的游泳技术。首先，人们发现身体侧卧可以减小水的阻力，于是出现了两臂都在水下划水和前伸的侧泳，后来发展为有一臂划水后提出水面经空中前移配合剪腿动作的侧泳。

1860 年前后，英国人约翰·特拉金在南美洲西印度群岛旅行时发现了当地人游泳采用的大爬式划水技术。1873 年他回到英国，采用两臂轮流划水后提出水面经空中前移配合蛙式蹬腿的技术参加比赛。这种大爬式技术大大提高了当时游泳的速度，被称作"特拉金式"。

澳大利亚人卡维尔对爬泳技术作出了重大变革。卡维尔原是英国的一位著名蛙泳运动员，1879 年移居澳大利亚后，从海岛土著居民处学到一种极富特色的上下打腿技术并开始教授这种全新的泳式。1902 年，卡维尔的一个儿子理查德回到英国，以 58 秒 60 的成绩游完 100 码，轰动了欧洲泳坛。卡维尔所教授的两臂轮流划水后经空中前移配合两腿上下交替打水的技术，奠定了现代爬泳技术的基础。

此后，来自美国夏威夷的美国运动员杜克·卡哈纳莫库以一个动作周期中 6 次振动打腿的技术，先后摘取了 1912 年和 1920 年两届奥运会 100 米自由泳比赛的桂冠。在 1924 年的奥运会上，美国运动员约翰·韦斯穆勒以船形身体姿势、6 次打腿的爬泳技术获得 3 枚自由泳项目金牌。他在 1928 年的奥运会上再次夺得 2 枚自由泳项目金牌。韦斯穆勒的技术在很长的一段时间内被公认为是爬泳技术的典范。

20 世纪 40 年代以后，人们进一步加强了手臂划水的力量，强调屈臂高肘划水，使臂的动作成为爬泳推进力的主要来源。腿部技术又先后出现了 4 次打腿、两次打腿、交叉打腿及拖腿等规则或不规则打腿形式，形成了许多不同风格的技术流派。采用不同打腿配合技术的运动员都先后创造过许多好成绩。例如，在 20 世纪 70 年代初期，澳大利亚女子运动员古尔德曾采用两次打腿的配合技术创造过从 100 米到 1500 米全部自由泳项目的世界纪录。不久，民主德国女子运动员恩德尔采用 6 次打腿的配合技术又刷新了全部纪录。

在 1991 年第 6 届世界游泳锦标赛上，我国运动员庄泳在激烈的竞争中夺得了女子 50 米自由泳的金牌。在 1992 年第 25 届奥运会上，我国运动员杨文意、庄泳分别摘取了女子 50 米自由泳和 100 米自由泳的桂冠，杨文意还改写了女子 50 米自由泳的世界纪录。在 1994 年第 7 届世界游泳锦标赛上，我国运动员创下了女子 50 米自由泳、100 米自由泳和 4×100 米自由泳接力的世界新纪录。在 1996 年第 26 届奥运会上，我国女子运动员乐靖宜摘取了 100 米自由泳的桂冠。在 1998 年第 8 届世界游泳锦标赛上，我国运动员陈妍获得女子 400 米自由泳的金牌；在 1999 年第 4 届世界短池游泳锦标赛上，我国运动员陈桦获得女子 800 米自由泳的金牌，标志着我国中长距离自由泳项目的崛起。

在 2006 年多哈亚运会上，我国的自由泳运动员表现突出，陈祚以 49 秒 06 打破自己保持的亚运会男子 100 米自由泳纪录，徐妍玮发挥出色，分别以 25 秒 23 和 55 秒 02 夺得女子自由泳 50 米、100 米冠军。这些成绩表明，我国的自由泳运动已达到世界先进水平，尤其是女子短距离自由泳已经成为我国竞技游泳的优势项目。

2008 年北京奥运会上，美国游泳名将菲尔普斯创造了男子 200 米自由泳 1 分 42 秒 96 的新世界记录，同时美国队以 3 分 8 秒 24 和 6 分 58 秒 56 的成绩获得了男子 4×100 米、4×200 米自由泳接力的金牌，并创造了新的记录。意大利运动员佩莱格里尼和英国运动员阿德林顿分别以 1 分 54 秒 82 和 8 分 14 秒 10 的成绩获得了女子 200 米、800 米自由泳的冠军。澳大利亚队以 7 分 44 秒 31 的成绩夺得了女子 4×200 米自由泳接力的金牌，同时打破世界记录。

现代爬泳技术的特点是，身体位置高平，流线型好，屈臂高肘沿 S 形路线划水，充分发挥手臂划水的作用，动作频率高，游进速度均匀。

仰泳技术的发展

仰泳简单易学，只要是身体仰卧游泳都可以称为仰泳，仰泳在人类历史上也出现得很早，人们在蛙泳时发现，只要把身体仰起来面朝上，臂、腿稍做动作就可以漂浮着游动和轻松地休息，因而深受人们的喜爱。

竞技仰泳技术只是到了近代才逐渐发展和完善起来。早期的仰泳，两臂同时向后划水，两腿同时向后蹬夹水。因其动作类似于蛙泳，故称作"蛙式仰泳"或"反蛙泳"。

18 世纪末期，仰泳已较流行，但由于仰泳速度较慢，所以运动员在比赛中很少采用。在 1900 年第 2 届现代奥运会上增设了仰泳项目，但运动员采用的基本上都是反蛙泳技术。此后，随着上下鞭状打腿的爬泳技术的出现，仰泳技术逐渐发生了变化。在 1912 年第 5 届奥运会上，美国运动员哈里·赫布纳采用两腿交替上下打水、两臂轮流向后划水

仰泳

的"爬式仰泳"技术，以 1 分 21 秒的成绩获得了男子 100 米仰泳比赛的冠军。

以此为标志，现代竞技仰泳技术基本形成。而"蛙式仰泳"则从竞技场中消失，只是作为一种实用游泳技术来使用了。

爬式仰泳诞生后，人们在很长的时间内一直推崇直臂划水技术，许多人在实际上也一直是采用直臂划水，手在水下几乎划了一个完全的半圆。20世纪50年代中期，澳大利亚人发现手臂稍屈的划水动作可以产生较大的推进力。此后，仰泳运动员开始自觉地采用屈臂倒高肘沿平"S"形路线划水的技术。

我国的仰泳运动发展较快。1953年，在罗马尼亚布加勒斯特举行的世界青年联欢节游泳比赛中，我国优秀运动员吴传玉以1分06秒4的优异成绩，夺得了男子100米仰泳冠军。这是我国运动员在世界比赛中取得的第一个冠军。但在此后，我国仰泳长期处于落后状态，直到20世纪90年代以后，才有了可喜的进步。我国优秀运动员贺慈红在1994年第七届世界游泳锦标赛上取得了女子100米仰泳和200米仰泳两项冠军，并以1分00秒16的成绩创造了当时女子100米仰泳的世界纪录。

现代仰泳技术的特点是，身体位置高平，头部稳定，躯干绕纵轴转动较明显；采用垂直高移臂，臂入水时充分拉开肩带肌，入水点远；屈臂倒高肘，手沿平S型路线划动，划水路线长，划水较深，两臂快速连贯交替；两腿做强而有力的六次鞭状打腿。

蝶泳技术的发展

在四种竞技游泳中，蝶泳是最年轻的一种竞技泳式，它是在蛙泳动作的基础上发展演变而来的。1928年，在第9届阿姆斯特丹奥运会游泳比赛蛙泳赛程中，有个菲律宾运动员改变了当时流行的划水方式，采用了早期蛙泳两臂从前端一直划到大腿边再前伸的长划臂技术。尽管这种技术配合协调性差，游进速度不均匀，但这种提高蛙泳划水效果的初步尝试仍然给了各国运动员以一定的启示。

1933年12月，美国运动员亨利·迈尔斯在布鲁克林青年夜总会游泳比赛中，首先采用了两臂从前端一直划到大腿边然后再提出水面经空中前摆插入水中的动作。1934年，前苏联运动员乌瓦罗夫和弗拉基米罗夫在蛙泳比赛中接近跨身和抵达终点时，也采用了两臂长划水后经空中前移的动作。这种技术通过加长划水路线，增大了划水动作的推进作用，还减小了两臂在水中前伸时所受到的水阻力，因而使成绩迅速提高。

采用这种游法时，双腿仍做传统蛙泳的蹬夹动作。这就是蝶泳的雏形，称为"蝶式蛙泳"。1936

现代蝶泳

年，国际业余游泳联合会做出决定，允许在蛙泳比赛中采用蝶式蛙泳动作。此后，越来越多的运动员接受了蝶式蛙泳。在1952年第15届赫尔辛基奥运会200米蛙泳比赛中，运动员全都采用了蝶式蛙泳。

几乎在蝶式蛙泳出现的同时，一些教练员和运动员从海豚游泳的方式中得到启示，创造了一种令人耳目一新的模仿海豚躯干和尾鳍上下摆动的波浪式打水动作。1935年，美国运动员杰克·西格将这种打腿动作与当时流行的蝶泳手臂动作结合起来，大大提高了蝶泳的游进速度，创造了100码1分02的成绩。于是，人们把这种上下打腿的蝶泳叫做"海豚泳"。但是由于当时游泳规则的限制，这种技术还不能在正式蛙泳比赛中采用。

1952年第15届奥运会后，国际业余游泳联合会通过决议，将蝶泳和蛙泳分开比赛和记录成绩，并准许在蝶泳中做垂直面上两腿同时的上下打水动作。这就意味着在蝶泳中可以做海豚式打腿，从而为蝶泳的发展开通了新路。1953年，匈牙利运动员图姆佩克首先在比赛中采用了这种海豚式蝶泳，并取得了巨大的成功，连续5次创下蝶泳世界纪录。

此后，海豚式蝶泳就迅速流行起来。

　　早期的海豚式蝶泳技术，躯干和腿有明显的大波浪动作，臂入水较深，前伸后有停顿，以腿为主，身体起伏较大，配合不太连贯。在1956年第16届墨尔本奥运会上，美国运动员威·约济克采用身体较平稳、波浪动作小、两腿做不间断小波浪打水、以臂为主的技术，以2分19秒30的成绩获200米蝶泳冠军，从而使蝶泳技术进入了一个新的发展阶段。

　　20世纪50年代后期，我国运动员王强立曾多次做过"潜水海豚泳"的尝试，即出发后在水下做海豚式打腿潜游30～40米，然后浮出水面转入正常蝶泳游进。这种技术的出现曾引起国际游泳界的惊奇。在此后，仍不断有运动员采用潜泳技术参加比赛。在1996年第26届亚特兰大奥运会上，俄罗斯选手潘克拉托夫就运用了这种技术并获得男子100米蝶泳冠军。1998年，国际业余游泳联合会作出规定，将蝶泳出发和转身后在水下潜游的距离限制在了15米之内。

奋力拼搏的刘子歌

　　2008年，北京奥运会上，美国名将菲尔普斯和我国运动员刘子歌分别以1分52秒03和2分4秒18的成绩创造了男、女200米蝶泳新世界记录。

　　我国蝶泳运动水平的提高很快。20世纪50年代末60年代初，我国优秀运动员陈运鹏等人的蝶泳成绩就接近了当时的世界先进水平。1966年，我国男子运动员蒙荣乙的100米蝶泳成绩为59秒10，排当年世界第6位。在1992年第25届奥运会上，我国优秀运动员钱红以58秒62的成绩获女子100米蝶泳金牌。我国优秀运动员刘黎敏在1994年第7届世界游泳锦标赛上，分别以 58 秒 98 和 2 分 07 秒 25 的成绩取得女子 100 米蝶泳和 200 米蝶泳两项金牌，在 1997 年第 3 届世界短池游泳锦标赛上夺得 200 米蝶泳桂冠。蝶泳目前已成为我国游泳的一个优势项目。

现代蝶泳的特点是：身体姿势高平、小波浪、快频率、以两臂划水为主、在一个动作周期中划一次水打两次腿、配合协调连贯。

出发技术的发展

出发台出发技术是在长期的竞赛实践中不断发展演变而来的。早期的游泳池没有出发台，也没有统一的出发规范。运动员在池边准备出发时或立或蹲，动作五花八门。

摆臂式出发是最早发展起来的出发台出发技术。最初的摆臂式出发在做预备姿势时两臂向后伸，起跳时两臂前摆带动身体向前跃出，这种技术称为"直接前摆式"出发。

"直接前摆式"出发后来演变成"预先后摆式"出发。预备姿势时两臂下垂，起跳时两臂先向后摆，然后再向前摆，带动身体向前跃出。这种技术动作比较自然，其"预摆"动作有利于加大摆臂速度，使身体向前跃得更远，这种技术曾在相当长的时间内广泛流行。

后来，人们发现，两臂的预先后摆并不能引起身体重心迅速前移，于是发展出一种"绕环摆臂式"出发。绕环摆臂式出发时，两臂先向前、向上、向外摆起，再向后、向下、向内弧形摆至体后，再经大腿两侧向前摆出，带动身体向前跃出。手臂的这种弧形摆动有助于加大摆臂速度，增大蹬台力量，因而跳得更远。

20 世纪 60 年代末期，出现了"抓台式"出发技术。这种技术因预备姿势时两手抓住出发台前沿而得名。起跳时通过两臂的主动提拉，促使身体重心迅速前移。

抓台式出发动作简单易学，不容易犯规，是目前运用最广泛的一种出发技术。在这儿之后，出现了一种"团身出发"技术。预备姿势时两手在两脚之后从侧面抓住出发台拉住身体，团身紧，身体前倾，身体重心垂线超出出发台的前沿，出发时，只要一松手就能快速起动。这种出发技术动作简单，身体稳定性高，不容易犯规，起动快。但也有明显的缺点，那就是预备姿势时臂、腿肌肉过于紧张，蹬台力量较小，入水点较近。

近年来，类似于短跑起跑动作的"蹲踞式"出发技术已被许多高水平运动员采用。预备姿势时两手在出发台前缘抓台，一只脚扣住出发台的前缘，另一只脚蹬在台的后部。这种技术入水较浅，易于迅速浮出水面转入途中游，而且能有效防滑，特别容易控制身体稳定，不容易犯规，不足之处是蹬台力量较小，起动不够快，入水点较近。

腾空和入水姿势的变革是出发技术的又一重大改变。长期以来采用的是身体在空中挺直、入水角度较小，技术比较简单、安全，容易掌握的"展体式"入水技术。这种技术由于入水时身体所受到的水阻力较大，滑行速度会受到一定影响。

20世纪70年代中后期以后，出现了一种"洞式"入水技术，其优点是入水阻力小，水中滑行速度快。目前许多高水平运动员都采用这种技术。

花样游泳的发展

1984年花样游泳成为第23届奥运会的正式比赛项目。花样游泳加入大家庭，使花样游泳项目朝着竞技性和艺术性结合的方向发展。除奥运会和世界锦标赛外，目前世界性的大赛还有世界杯赛、世界青年锦标赛、泛太平洋赛等。

花样游泳项目包括规定动作和自选动作两部分。在规定动作比赛中，选手们按照规定顺序依次表演推进、上升、下沉和转身等动作。在自选动作比赛中，对音乐和动作编排都没有限制。评委将对选手花样动作的技术难度、动作完成的准确度和艺术程度予以评分。

比赛必须在面积至少 12 米 × 12 米、水深 3 米的池内进行，运动员可以在陆地上开始，但必须在水中结束。分规定动作和自选动作，自选动作应有音乐伴奏。各种动作均有难度系数，每个动作最高得分为 10 分，以得分总和评定成绩，总分高者名次列前。

现在，一些新技术被用在花样游泳的女选手身上，比如，鼻塞可以防止运动员在头朝下的情况下鼻子进水；凝胶为运动员稳定发型；而特殊的化妆品使女孩看起来更美丽。更重要的是，水下扬声器的使用使运动员在水下也可以清晰地听到音乐，

带着鼻塞的花样游泳运动员

并借此跟着音乐，与搭档保持同步。这些都促进了花样游泳运动的迅速发展。

我国游泳运动的发展

我国的竞技游泳运动是 19 世纪中、后期随着西方国家的侵入而首先开始于香港、广州等地，然后逐渐在沿海的福建、上海、青岛等地开展起来并扩展到内地。1887 年，广州沙面修建了我国第一个室内游泳池，开始了我国近代的游泳竞赛活动。

1912 年，由菲律宾发起，组织了由中国、日本、菲律宾参加的远东运动会，每隔两年轮流在三国举行，游泳是比赛项目之一。1913 年，我国参加了在菲律宾马尼拉举行的第 1 届远东运动会，这是我国参加国

际游泳竞赛活动的开端。1915 年，第 2 届远东运动会在上海举行，我国游泳运动员在 9 个项目的比赛中获得 5 项冠军，这对我国游泳运动的开展起了一定的促进作用。

1920 年，国内的游泳比赛开始增设女子项目。随着游泳运动的逐步发展，一些游泳团体相继成立。"中国游泳研究会"也于 1924 年成立。以后，华东、华北及中南各地区的竞技游泳活动逐渐兴起。

1957 年，中国游泳运动协会成立。在这一时期，聘请了匈牙利、前苏联游泳专家前来执教，频繁派队参加国际性比赛，各国游泳队的来访也日益增多。由于能及时吸收国外先进的技术和训练方法，丰富了运动员的比赛经验，使我国的游泳运动水平在短期内得到了迅速提高。

1953 年 8 月，在罗马尼亚布加勒斯特举行的第 1 届国际青年友谊运动会游泳比赛中，我国优秀运动员吴传玉一举战胜众多强手，以 1 分 8 秒 4 的成绩夺得男子 100 米仰泳冠军。这是新中国成立后中国运动员在国际比赛中取得的第 1 枚金牌，新中国的五星红旗第一次在国际体坛上空高高升起。1957 年 5 月 1 日，在国际游联新蛙泳规则生效的当天，我国优秀运动员戚烈云首开男子 100 米蛙泳新的世界纪录。1958 至 1959 年间，我国著名运动员穆祥雄又先后 3 次打破了男子 100 米蛙泳的世界纪录。1960 年，我国优秀运动员莫国雄又再次打破男子 100 米蛙泳的世界纪录。到 1965 年时，我国男子的 100 米自由泳、100 米蝶泳和 200 米蛙泳也都先后达到当年世界前 10 名的水平。

吴传玉登上领奖台

1982 年，在印度新德里举行的第 9 届亚运会上，我国游泳运动员首次夺得 3 枚金牌，实现了亚运会游泳金牌"零"的突破。

1986 年，在韩国汉城举行的第 10 届亚运会上，我国游泳运动员奋力拼搏，一举摘取了 10 项桂冠，对亚洲泳坛的盟主日本有了威胁。

从 1986 年起，我国竞技游泳发展进入了第二个黄金时期。尤其是女子成绩提高迅速，率先进入世界先进行列。1988 年，在广州举行的第 3 届亚洲游泳锦标赛上，我国游泳队夺得男子 11 枚、女子 13 枚金牌，以 24∶6 的绝对优势首次超过日本。在这次比赛中，我国优秀运动员杨文意还以 24 秒 98 的成绩创下女子 50 米自由泳新的世界纪录，成为我国女子打破游泳世界纪录第一人。

同年，在韩国汉城举行的第 24 届奥运会上，我国游泳运动员在强手云集的激烈角逐中崭露头角，获得了 3 枚银牌、1 枚铜牌，女子团体总分仅次于当时的民主德国队和美国队。

1990 年，在我国首都北京举行了盛况空前的第 11 届亚运会。在 31 个游泳比赛项目中，我国运动员一举夺得 23 枚金牌，其中女子 15 个项目的金牌全部为我国运动员所得。中国游泳健儿巩固了自己在亚洲泳坛上的领先地位。

手举鲜花的杨文意

1991 年，在第 6 届世界游泳锦标赛上，我国优秀女子运动员庄泳、钱红、林莉，在激烈的竞争中一举夺得了 50 米自由泳、100 米蝶泳、200 米个人混合泳和 400 米个人混合泳 4 枚金牌，实现了我国游泳在世界大赛上金牌数"零"的突破。

1992 年，在西班牙巴塞罗那举行的第 25 届奥运会游泳比赛中，我国优秀女子运动员杨文意、庄泳、钱红、林莉再创佳绩，分别摘取了 50 米自由泳、100 米自由泳、100 米蝶泳和 200 米个人混合泳 4 项桂冠，

庄泳挥手示意答谢热情的观众

实现了奥运会游泳金牌"零"的突破。庄泳成为我国获奥运会游泳金牌第一人。同时，杨文意和林莉还分别改写了50米自由泳和200米个人混合泳的世界纪录。

1994年，在第7届世界游泳锦标赛上，我国运动员一举夺得12枚金牌，金牌数位居各参赛国之首，同时还创下了女子50米自由泳、100米自由泳、100米仰泳、4×100米自由泳接力和4×100米混合泳接力5项世界新纪录。

1996年，在美国亚特兰大举行的第26届奥运会游泳比赛中，我国女子运动员乐靖宜摘取了100米自由泳的桂冠。

1998年，在第8届世界游泳锦标赛上，我国女子运动员陈妍夺得了400米自由泳和400米个人混合泳冠军；吴艳艳夺得了200米个人混合泳冠军。尤为可喜的是，我国男子运动员曾启亮获得了100米蛙泳银牌，成为首次在世界大赛中夺得奖牌的中国男子游泳运动员。

奋勇前进的曾启亮

2001年，在日本福冈举行的第9届世界游泳锦标赛上，我国运动员罗雪娟夺得50米、100米蛙泳金牌和200米蛙泳铜牌；齐晖夺得 200 米蛙泳银牌和 200 米个人混合泳铜牌；杨雨获得 200 米自由泳银牌。此外，中国女子接力队还获得了 4×100 米混合泳接力铜牌。

2002 年，在韩国釜山举行的第 14 届亚运会上，我国运动员在全部 32 个项目中一举夺得 20 枚金牌，又一次登上了亚洲泳坛霸主的地位。

2003 年，在西班牙巴塞罗那举行的第 10 届世界游泳锦标赛上，我国除罗雪娟再次夺得 50 米和 100 米蛙泳两项桂冠外，女子接力队还夺得了 4×100 米混合泳接力的金牌。杨雨、齐晖、周雅菲和女子接力队还分别在女子 200 米自由泳、200 米蛙泳、200 米个人混合泳和 4×200 米自由泳接力比赛中夺得奖牌。

2004 年，在希腊雅典举行的第 28 届奥运会的游泳比赛中，我国优秀女运动员罗雪娟战胜了众多的世界名将，一举夺得女子 100 米蛙泳冠军。此外，中国女子自由泳接力队还夺得了 4×200 米自由泳接力的银牌。

2005 年，在加拿大蒙特利尔举行的第 11 届世界游泳锦标赛上，中国运动员共夺得了 1 枚银牌和 4 枚铜牌。尤其可喜的是，中国男运动员吴鹏在男子 200 米蝶泳的比赛中夺得了第 3 名，成为继曾启亮之后，我国男运动员在世界大赛中夺得奖牌的又一优秀运动员。

2006 年，在卡塔尔多哈举行的第 15 届亚运会上，中国游泳军团夺得了 16 枚金牌，金牌总数与日本持平。

2007 年，我国选手吴鹏获得世界游泳锦标赛男子 200 米蝶泳银牌。

2008 年，在北京奥运会上，刘子歌、焦刘洋夺得了女子 200 米蝶泳金、银牌，同时，刘子歌打破该项目世

比赛中的吴鹏

界纪录。张琳获得男子400米自由泳亚军，是我国男子在奥运会游泳项目上的第一枚奖牌。女子4×200米自由泳接力也取得了亚军。

2012年，在伦敦奥运会上，我国游泳运动员孙杨夺得了男子400米游泳冠军；叶诗文夺得了女子400米个人混合泳冠军；李玄旭夺得女子400米个人混合泳的铜牌。

目前，我国竞技游泳已经取得了长足的进步，成为世界泳坛上一支不可忽视的劲旅。

PART 3 游泳的分类

游泳大致分为实用游泳、大众游泳、竞技游泳三类。这三大类下面又有小的分类。

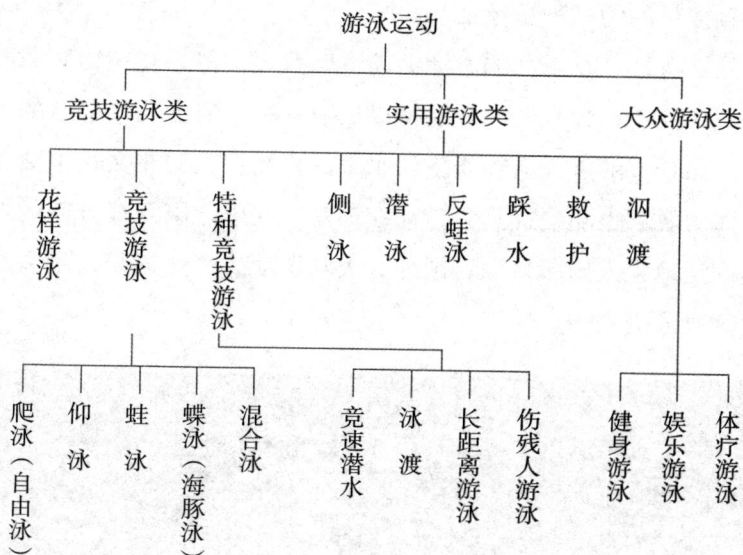

```
                          游泳运动
        ┌────────────────────┼──────────────────┐
     竞技游泳类              实用游泳类           大众游泳类
   ┌────┼────┐        ┌───┬───┬───┬───┐          │
  花  竞   特        侧  潜  反  踩  救        泅
  样  技   种        泳  泳  蛙  水  护        渡
  游  游   竞               泳
  泳  泳   技
          游
          泳
┌──┬──┬──┬──┬──┐    ┌───┬───┬───┐        ┌───┬───┐
爬 仰 蛙 蝶 混     竞 泳 长 伤       健 娱 体
泳 泳 泳 泳 合     速 渡 距 残       身 乐 疗
（    （ 泳     潜 　 离 人       游 游 游
自       海       水   游 游       泳 泳 泳
由       豚           泳 泳
泳       泳
）       ）
```

实用游泳

实用游泳是指直接为生活、生产或军事服务的游泳技术。它包括踩水、反蛙泳、侧泳、潜泳和救生等，在泅渡、水下作业、水上救生、水中科学考察等方面有着广泛的应用。

竞技游泳和实用游泳的区分是相对的，蛙泳、爬泳等竞技游泳技术虽不归入实用游泳的行列，但在实际上也常被用于实现各种实用目的。

大众游泳

大众游泳是指以游泳动作为基本手段，以增进身心健康、丰富业余生活为直接目的的各种游泳活动。

虽然健身性、娱乐性的游泳活动古已有之，但只有在物质文明高度发达的现代社会，大众游泳才能得以迅速发展，成为现代游泳的重要组成部分。如今，随着社会物质生活水平的提高，人们在文化生活、体育锻炼方面的要求也随之提高，游泳在健身、娱乐、康复等方面的功能也越来越广泛地为人们所认识，因此，大众游泳热悄然兴起，越来越多的人投进这股浪潮中去。

海边热闹的景象

　　大众游泳包括健身游泳、娱乐游泳、康复游泳等。它不受姿势与速度的限制，不追求严格的技术规范，注重锻炼价值，可以借鉴竞技游泳和实用游泳的各种技术来进行水中活动。大众游泳内容丰富，形式简便，自由自在，情趣盎然，适合男、女、老、幼及不同体质的人群。

　　大众游泳还包括一类特殊游泳活动，它们融竞技性、健身性、娱乐性为一体，以游泳为手段，锻炼体魄，检验人体的极限工作能力。这类游泳活动常以创造某项特殊世界纪录为目标，如最长时间潜泳、最长时间游泳、最长距离游泳等。此外，世界各地还经常举行一些渡海游泳、渡江游泳等活动，参与的人雄心勃勃，观看的人热情高涨。

竞技游泳

　　竞技游泳是指具有特定的技术规格，并按游泳竞赛规则进行比赛的游泳运动项目。

　　在近代竞技游泳出现后的一个多世纪以来，竞技游泳的内容不断充实和丰富。目前，根据国际游泳联合会的规定，正式的游泳竞赛项目有自由泳、仰泳、蛙泳、蝶泳、个人混合泳和接力共6类，每一类又按比赛的距离分成若干个小项目。个人混合泳的泳式顺序依次是蝶泳、仰泳、蛙泳、自由泳。接力项目又分为自由泳接力和混合泳接力，混合泳接力的泳式顺序依次是仰泳、蛙泳、蝶泳、自由泳。

　　大部分游泳竞赛都是在游泳池中进行的。在两种游泳池（长池50米；短池25米）中创造的游泳纪录是独立的，都得到承认。

项目 距离	50 米池	25 米池（短池）
自由泳	50 米、100 米、200 米、400 米、800 米（女）、1500 米（男）	50 米、100 米，200 米、400 米、800 米（女）、1500 米（男）
仰泳	50 米、100 米、200 米	50 米、100 米、200 米
蛙泳	50 米、100 米、200 米	50 米、100 米、200 米
蝶泳	50 米、100 米、200 米	50 米、100 米、200 米
个人混合泳	200 米、400 米	200 米、400 米
自由泳接力	4×100 米、4×200 米（男）	4×50 米、4×100 米、4×200 米（男）
涅合泳接力	4×100 米	4×50 米、4×100 米
备 注	1. 除特殊标记外，男、女比赛项目相同。 2. 个人混合泳姿势顺序为蝶泳、仰泳、蛙泳、自由泳。 3. 男、女混合泳接力的游泳姿势顺序为仰泳、蛙泳、蝶泳、自由泳。 4. 混合泳中，自由泳是指除仰泳、蝶泳、蛙泳以外的任何姿势。	

　　目前，列入世界纪录的竞技游泳项目总共有 46 项，男、女各 23 项。大部分项目为长、短池所共有，但有少数几个项目仅限于短池。游泳竞赛的项目可由竞赛的组织者根据竞赛的性质、任务、规模、条件等具体情况来确定，但大型竞赛的项目一般是相对固定的。

　　近年来，竞技游泳家族中又增加了一位新成员，即马拉松游泳。马拉松游泳的比赛距离为 10 千米，通常在湖泊、海湾等天然水域进行。目前，马拉松游泳已被列为正式的比赛项目，2008 年的北京奥运会也有马拉松游泳比赛。

PART 4 技术战术

作为一项竞技运动，必然要讲究科学性和技巧性。只有讲究科学和技巧，运动才会得到正确且快速的发展。游泳的基本技术，因泳姿的不同而不同。要认真研究每个泳姿的姿势要求、科学特点以及发展途径等，在熟练掌握这些基本技术的基础上，追求体育运动的更高、更快、更强。

蛙　泳

蛙泳是第一个在游泳比赛中被采用的姿势，是模仿青蛙动作的一种游泳姿势，在民间也广为流传。

游蛙泳时，身体要俯卧水中，两臂同时并对称地划水，两腿同时并对称地做收、翻、蹬夹动作。蛙泳的身体姿势平稳，动作省力，呼吸自然，而且每个动作周期结束后都有一定的滑行放松时间，较容易学会，而且掌握动作节奏后很很快游较长距离。

身体姿势

蛙泳的身体姿势不是固定不变的，而是随着臂、腿及呼吸动作的周期性变化而不断变化着的。在一个动作周期中两臂前伸、两腿向后蹬直并拢时，身体是几乎水平地俯卧于水中，头部夹在两臂之间，两眼注视前下方，腹部与大、小腿位于同一水平面上，臀部接近水面，身体纵轴与水平面约成 5°~10°。这种身体姿势,可以减小游进时的水阻力。要做到这一点,要求胸部自然伸展,稍收腹,微塌腰,两腿并拢,脚尖伸直,两臂并拢尽量前伸,全身拉伸成一直线。

在游进过程中,身体会按一定的节奏上下起伏。在划水和抬头吸气时,上体会向前上方抬起,肩和背部的一部分上升露出水面,此时躯干与水平面的角度较大。当两臂前伸、两腿向后蹬夹时,随着低头的动作,肩部又浸入水中,身体恢复比较平直的流线型姿势向前滑行。

初学蛙泳者不宜过分追求在划水和吸气时拉高身体的动作。因为抬头过高或过分挺胸,会造成下肢下沉,迎角增大,使身体在前进方向上的投影截面增大,从而增大游进时的阻力。

腿部动作

蛙泳的腿部动作是保持身体平衡、推动身体前进的一个重要因素。

蛙泳腿部技术可以分为收腿、翻脚、蹬夹、滑行 4 个紧密相连的动作环节。

1. 收腿

收腿是翻脚、蹬夹的准备动作,是从身体伸直成流线型向前滑行的姿势开始的。收腿时,腿部肌肉略为放松,大腿自然下沉,两膝开始弯曲并逐渐分开,小腿和脚跟在大腿后面向前运动。收腿时,踝关节放松,脚底基本朝上,脚跟向上、向前移动,向臀部靠拢,两腿边收边分开。两小腿和两脚在前收的过程中要落在大腿的投影截面内,以避开迎面水流,减小收腿的阻力。收腿动作应柔和,不宜太用力。

蛙泳收腿动作

在收腿的过程中臀部略下降。收腿结束时，两膝内侧的距离约同肩宽；大腿与躯干约成130°～140°，大、小腿折叠紧，小腿接近于与水面垂直，为翻脚和蹬夹做好准备。

2. 翻脚

翻脚动作的目的在于使腿在蹬夹时有一个良好的对水面。在蛙泳技术中，翻脚动作很重要，翻脚的好坏直接影响到蹬夹的效果。

当收腿使脚跟接近臀部时，大腿内旋，两膝稍内扣，小腿向外张开，两脚背屈使脚掌勾紧向外翻开，脚尖转向两侧，使小腿和脚的内侧面向后，形成良好的对水面，为蹬夹动作做好准备。

翻脚实际上是收腿的结束动作和蹬夹的开始动作。在收腿接近完成时就开始翻脚，翻脚快完成时就开始蹬夹，在蹬夹的开始阶段继续完成翻脚。收、翻、蹬夹三个动作紧紧相连，一环扣一环，形成一个连贯圆滑的鞭状动作。

3. 蹬夹

蹬夹动作是推动身体前进的重要动力来源。蹬夹动作的推进效果主要取决于蹬夹时腿的运动方向、对水面的大小及运动速度。

蹬夹动作在翻脚即将完成时就已开始。由于翻脚动作的惯性，脚在后蹬的开始阶段是继续向外运动，完成充分的翻脚。随后，由腰腹和大腿同时发力，依次伸展下肢各关节，两脚转为向后向内运动并稍下压，直至两腿蹬直并拢，完成弧形的鞭状蹬夹。

蹬夹动作是"蹬"与"夹"的结合，两腿是边后蹬边内夹，当两腿蹬直时两膝也已并拢了。既不是完全向后蹬，也不是向外蹬直了再内夹并腿。

蹬夹时，下肢各关节的伸展顺序是保持最大对水面积的决定因素。正确的顺序是，先伸髋关节，后伸膝关节，最后伸踝关节，直至两腿伸直并拢。

蹬夹开始时，主要是大腿向后运动，膝关节不宜过早伸展，以使小腿尽量保持垂直对水的有利姿势，避免出现小腿向下打水的错误。在蹬夹过程中，脚应保持勾脚外翻姿势；在蹬夹将近结束时，脚掌才内旋伸直，完成最后的鞭水动作。如果先伸踝关节，则会破坏翻脚所形成的良好对水面，形成用脚尖蹬水的错误。

升力和阻力都与速度的平方成正比，蹬夹动作的速度越快，产生的推进力就越大。因此，蹬夹时要充分发挥腿部肌肉的力量，逐渐加速。蹬夹开始时，动作应比较柔和，而最后伸直小腿和脚掌的动作则要快速有力。

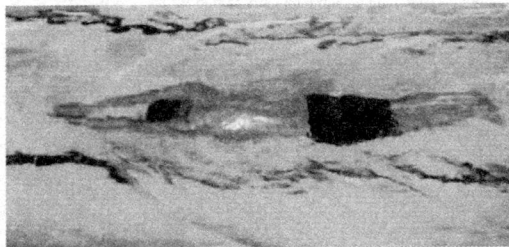

蛙泳滑行

4. 滑行

蹬夹结束后，腿处于较低的位置，脚距离水面约为30~40厘米。此时两腿伸直并拢，腰、腹、臀及腿部的肌肉保护适度紧张，使身体成流线型向前滑行，准备开始下一个腿部动作周期。滑行中，要注意保持两腿较高的位置，减少滑行时的阻力。

臂部技术

蛙泳的手臂动作是推动身体前进的重要因素。游蛙泳时，整个手臂动作都是在水下完成。蛙泳的一个划水动作分为外划、下划、内划、前伸等4个紧紧相连的动作阶段。

1. 外划

外划是从两臂前伸并拢、掌心向下的滑行姿势开始的。外划时两臂内旋，两手掌心转向外斜下方，略屈腕，两臂向外横向划动至两手

蛙泳臂部外划

间距离约为两倍肩宽处。外划的动作速度较慢。

2. 下划

手臂在继续外划的同时，
前臂稍外旋，肘关节开始弯
曲，转腕使掌心转为朝后下
方，以肘关节为轴，手和前
臂加速向下、向后划动。在
下划的过程中，手和前臂的
运动速度快，幅度大，而上
臂的移动不多，前臂与上臂

蛙泳臂部下划

之间的夹角迅速缩小。下划结束时，肘关节明显高于手和前臂，手和前
臂接近垂直于游进方向，肘关节约屈成130度。

3. 内划

随着下划的结束，掌心迅速转向内后方，手臂加速由外向内并稍向
后横向划动，屈肘程度进一步加大，肘关节也同时向下、向后、向内收
夹至胸部侧下方。两手划至胸前时几乎靠在一起。

4. 前伸

当内划接近完成时，两手在继续向内、向上划动的过程中逐渐转为
向上、向前弧形运动至颌下。此时两手靠拢，两掌心逐渐转向下，手指
朝前。接着，肘关节不停顿地沿平滑的弧线前移，推动两手贴近水面向
前伸出。与此同时迅速低头，将头夹于两臂之间。伸臂动作完成时，两
臂伸直并拢，充分伸肩，两手掌心向下，成良好的流线型向前滑行。

蛙泳臂划水动作的各个阶段是紧密地连接在一起的，整个动作要连
贯圆滑，由慢到快，加速进行。对于初学者来说，尤其应注意在内划结
束转前伸时，手臂不能停顿。

呼吸与臂的配合动作

蛙泳是臂、腿交替做动作推动身体前进的，其配合技术比较复杂。

配合不协调，会直接影响臂、腿的动作效果和游进速度的均匀性。正常蛙泳一般是采用1：1：1的配合技术，即在一个完整动作周期中，蹬夹1次，划臂1次，呼吸1次。配合游时应在充分发挥臂、腿力量的基础上，努力做到协调、连贯、有节奏，尽量保持匀速前进。

蛙泳的呼吸是和手臂的划水动作紧紧结合在一起的，主要有"早吸气"和"晚吸气"两种类型。

（1）早吸气配合技术：两臂开始外划时，颈后肌收缩，开始向上抬头，下颌前伸，使口露出水面将气吐尽；在两臂下划和内划的过程中吸气；两臂前伸时低头闭气；滑行时在水中呼气。这种呼吸方式利用了划水开始阶段手臂向外、向下划动所产生的向上的反作用力，使头部比较容易抬出水面，整个呼气和吸气的时间较长，动作比较从容。

（2）晚吸气配合技术：晚吸气配合技术没有明显的抬头和前伸下颌的动作。在两臂外划和下划时，身体仍保持较平直的流线型姿势。在两臂内划的过程中，随着头、肩的上升，口露出水面将气吐尽；内划结束头、肩向前上方升至最高位置时快速吸气；两臂前伸时迅速低头闭气；滑行时向水中呼气。这种呼吸方式有利于减小水的阻力，同时有利于更好地发挥手臂划水的力量，动作紧凑连贯，前进速度均匀。

臂与腿的配合动作

蛙泳时，两臂外划和下划时，两腿要保持稍紧张的伸直姿势；两臂内划时，两腿放松，两膝下沉，开始收腿；两臂开始前伸时，迅速完成收腿并做好翻脚动作；两臂接近伸直时，开始向后快速蹬夹；蹬夹结束后，全身伸直成良好的流线型向前滑行。

优秀蛙泳运动员在距离较短的比赛中，一般都不做或只做很短的滑行。蹬夹动作刚结束，两臂就紧接着开始外划，甚至在两腿的蹬夹动作尚未结束时，两臂就紧接着开始外划，当蹬夹结束时两臂正好开始做下划的动作。

这种配合技术，动作紧凑连贯，频率高，臂、腿动作产生的推进力紧密衔接，动作周期间的减速不明显，因而游进速度均匀，有利于提高运动成绩。

蝶　泳

蝶泳是蛙泳的革新泳式，与蛙泳不同的是划水动作结束后两臂不再从水中前移，改为由空中移臂，因为游泳动作近似蝴蝶，故称蝶泳。

蝶泳是4种竞技游泳中最后一个被国际泳联认定的比赛姿势。1956年第16届奥运会开始将之列为正式比赛项目。游蝶泳时，主要依靠两臂强有力的划水和腿的波浪形打水推动身体前进，身体俯卧在水中起伏前进。

身体姿势

比较特殊的是，蝶泳没有一个固定的身体姿势，头和躯干各部分的相对位置在一个动作周期中不断地发生着变化，形成上下起伏的波浪状摆动。这种波浪状的身体姿势，是由于蝶泳臂、腿及呼吸的特殊技术而自然形成的，主要表现为头、肩、臀及腿部有节奏的上下波动。

两臂入水时，由于移臂动作的惯性，头、肩随之下潜；两臂外划抓水、两腿完成第一次向下打水时，由于水对腿的反作用力的作用，臀部向前、向上升至水面；两臂拉水、两腿上摆、开始抬头吸气时，头、肩升出水面而臀部略下沉；当两臂推水结束开始出水、两腿完成第二次向下打水时，臀部略为升高，身体保持着一个相对水平的姿势；当两臂经空中前移，两腿再次上摆时，臀部又略为下沉。可见，在一个动作周期中，随着臂的划水和呼吸动作，头、肩有一次上下波动，而随着腿部的

蝶泳前行

两次打水动作，臀部有两次上下波动，一次大，一次小。

蝶泳身体各部位波浪式上下运动的幅度是不同的，肩部动作幅度较小，臀部动作幅度适中，大、小腿动作幅度逐渐加大，脚的动作幅度最大。身体这种自然的波浪状上下摆动，有利于手臂正确的划水，有利于两腿做强有力的鞭状打水，有利于臂、腿和呼吸的协调配合。它可以使身体始终保持较高的位置，形成良好的流线型。

蝶泳身体姿势的常见错误是波浪起伏过小或过大。造成头、肩起伏过小的原因通常是手臂入水时未及时低头下潜，而手臂一入水就开始下划，这将使手臂无法有效地划水，从而降低了臂部动作的推进作用。造成臀部起伏过小的原因通常是打腿幅度太小或动作不正确，臀部无法升至水面，因而身体位置始终很低，使水阻力增大。

身体起伏过大则往往是手臂入水时头、肩过于下潜或打腿太深、屈髋太多、臀部抬得过高造成的。起伏太大，会增大身体在游进方向上的投影截面，破坏相对水平的流线型姿势，使压差阻力和波浪阻力同时增大，造成游进速度的降低。

腿部动作

蝶泳的腿部动作很特殊，它的海豚式打腿动作对于保持良好的身体姿势、形成身体自然的波浪式摆动，提供一定的推进力，有着十分重要的作用。

蝶泳的打腿动作是由腰部发力，通过髋关节、膝关节、踝关节依序传递，大腿带动小腿和脚掌像甩鞭子一样上下运动而形成的。与其他泳式不同，它不是单独的腿部动作，而是与躯干运动紧密联系在一起。

打腿时两脚自然并拢，以腰腹发力，压肩提臀，带动腿向后下方做鞭状打水动作。屈膝向下打水时收腹提臀，打腿结束时膝关节伸直。向上打水时稍挺腹收腿。同自由泳一样，用力的重点在向下打水，两脚向下打水的幅度距水面40～50厘米。

海豚式打腿的一个动作周期可以分为向上打水和向下打水两个阶段。

当向下打水结束时，两腿伸直，两脚处于最低点，臀部上升至水面。此时，臀大肌收缩使髋关节展开，两腿上抬。

在向上抬腿的过程中，膝关节和踝关节放松，水的阻力使两腿保持自然伸直的状态。向上抬腿的动作使臀部开始下沉。当两腿上抬到脚稍高于臀部水平时，大腿停止上移并转而向下运动，髋关节开始弯曲，少腿和脚则由于运动惯性而继续上抬，膝关节逐渐弯曲。向上打水阶段结束时，臀部下降到最低点，脚抬得接近水面，膝关节屈成110°～130°。

向下打水时，踝关节放松，两脚在水的阻力作用下充分跖屈，使脚背保持良好的对水面。此时腰部发力，收腹提臀，髋关节继续弯曲，大腿加速下压，带动小腿和脚向下运动。

在向下打水的过程中，膝关节开始伸直。当两腿下打至膝关节接近伸直时，大腿即停止下压并转而向上运动。此时股四头肌做强有力的收缩，促使膝关节迅速伸直，带动小腿和脚加速向下鞭打。当两脚下打至最低点时，膝关节完全伸直。向下打水的动作使臀部上升至水面，大腿与躯干约成160度。至此完成一个海豚式打腿的完整动作，紧接着开始下一个打腿动作周期。

在每个海豚式打腿动作周期中，大腿的上下运动应始终领先于小腿的运动。向上打水脚至最高点前大腿已开始下压；向下打水脚至最低点前大腿已开始上抬。这种鞭状的动作不仅能使腰和大腿所具有的较大的动量转移到远端，促使小腿和脚加速鞭打，而且能顺利完成打腿方向的转换，减少力量的损耗。

向上打水主要是为向下打水做准备，使双脚能从一个有利位置开始向下加速鞭打。在向上打水的过程中，小腿和脚是向上、向前运动，水的反作用力，朝着后下方，基本不起推进作用。在向下打水的过程中，小腿和脚是向下、向后运动，水的反作用力，朝着前上方。向下打水不仅能提高臀部位置，还能起到一定的推进作用。所以，向上打水的动作应柔和些，而向下打水的动作则应快而有力，加速完成。通常，腿向下打水的速度应比向上抬腿快两倍多。

海豚式打腿动作的效果在很大程度上取决于踝关节的灵活性。如果在向下打水时踝关节不能充分跖屈，则脚背与打水方向近于垂直，造成的结果是使臀部上抬，向前的推进作用很小。如果踝关节能充分跖屈，使脚背形成一个合适的迎角，则会起到较大的推进作用。同样，如果在向上打水时踝关节没有自然放松，则会造成臀部过分下沉，破坏身体的相对水平姿势，从而增大水阻力，降低游进速度。

手臂动作

在蝶泳中，手臂划水主要起推进作用。划水技术包括为入水、划水、出水和空中移臂四个紧紧相连的动作阶段。

1. 入水

入水动作应借助空中移臂的惯性顺势完成。两臂入水时，手指自然伸直并拢，臂稍内旋，肘关节稍屈并高于手，掌心朝外下方，手掌与水平面约成 45 度角，以拇指领先在肩的延长线（通过肩关节与纵轴平行的直线）前端切入水中。入水时两手的距离同肩宽，手臂是按手—前臂—上臂的顺序依次入水。

这种方式入水阻力小，通过入水后的伸肘动作，能使手和前臂迅速开始向外划动，有利于克服空中移臂后两臂向内运动的惯性，平稳地完成臂部动作方向的转变。

要注意的是，入水时要避免手背向前、向内挡水。这种动作会产生向后、向外的反作用力，降低身体的前进速度。

入水时的另一常见错误是两手距离过窄，手在肩延长线以内入水。这种动作在划水的开始阶段时有明显的侧向划动，易产生侧向分力，不利于迅速转入抓水和加快动作频率。

2. 划水

蝶泳划水时，对于游泳者自身来说，手从入水到出水这一段的划水路线在水平面上很像两个相对的"S"形，所以人们就把这种划水路线称为"双S"型，也有将其称为"钥匙洞"型或"漏斗"型的。可以将其大体划分为抓水、拉水、推水三个阶段。

抓水：两手入水后，首先借助空中移臂的动作惯性伸直肘关节，两臂稍内旋并稍屈腕，掌心转向外后方。手掌接近垂直于水面，并与游进方向成40°~50°角，以指尖领先向外划至约两倍肩宽处。此时肘关节开始弯曲，掌心转向外下后方。

划水开始阶段的主动外划抓水，正处于腿向下打水使臀部上升、肩部下沉、身体向前的时刻，时间很短，速度较平缓，但却可以使手臂由直臂转为屈臂，使掌心由朝外后方转为朝外下后方，以便从一个有利位置开始拉水。

这一阶段的常见错误是，手一入水就将掌心转向下，并立即屈肘划至身体下方。由于手臂外划不足，无法做出后续有力的下划和内划动作，造成推进力的较大损失，同时也影响腿部向下打水的推进作用。因此，手入水后应感觉向前伸展，在腿完成下打之前不要急于用力划水。当腿部下打结束时，臀部

蝶泳向后划水

升至水面，此时两臂已经充分外划抓水，有利于开始做最有效的划水动作。

拉水：拉水是指手臂从抓水结束处划至肩的横切面这一阶段，应紧接着抓水动作进行。根据拉水时手臂的主要运动方向，又可以把拉水分为"下划"和"内划"两个环节。

"下划"时，手臂向下并稍向外沿弧线划动，肘关节继续弯曲形成高肘姿势，掌心朝外下后方，直至手接近划水路线的最深处。此时应注意不要使掌心完全朝下直接向下压水，否则，产生的反作用力将主要使头和躯干向上举起，而不是使身体向前运动。

接下来，手臂开始"内划"，掌心转向内后方，手掌向内、向上和向后沿弧线划至肩下方靠近身体中线处，屈肘程度逐渐加大。当两手划至肩下方时，屈肘程度达到最大，前臂与上臂成90°～100°角，两手接近靠拢。

拉水时，手和前臂应以肘关节为轴像螺旋桨一样转动。动作应逐渐加速，突然发力会破坏划水的合理节奏。

拉水后半段手臂在内划的同时也有较大幅度的后划，产生的划水阻力和划水升力一起构成一个较大的反作用力，可以有效地推动身体前进。因此内划是一个强有力的推进动作。

推水：当两臂拉水至肩下时，即转入推水。此时上臂内收，肘部向体侧靠拢，掌心转为朝着外后方，两臂保持屈臂高肘姿势划至腹下，两手之间仍保持很近的距离。接着，肘关节用力伸展，使手继续加速向后、向外、向上划至大腿前外侧。由于水的压力，此时手掌应往掌背的方向伸展。推水结束时，肘关节并未完全伸直，前臂与上臂保持150°～160°角。

划水过程中，推水是最强有力的阶段，手向后、向外、向上的运动必须自始至终加速进行。这一阶段应注意避免直接向上推水的错误。直接向上推水的动作不仅不起推进作用，水的反作用力还会造成臀部下沉，增大水阻力，降低游进速度。

在一个完整的划水过程中，手臂在肩前、肩后的动作形式是相反的。拉水时，手臂外旋，肘关节逐渐弯曲，手和前臂的运动领先于上臂；推水时，手臂内旋，肘关节逐渐伸展，上臂的运动领先于手和前臂。由拉水到推水要加速进行，中间不能有丝毫停顿。

在蝶泳划水的全过程中要不断地调整手掌方向，使手掌平面在不同阶段都能与手的运动方向形成一个合适的迎角。

3. 出水

在推水动作的最后阶段手划至大腿的前外侧时，肘关节已提出水面。

推水一结束，手腕即放松使掌心转向内朝着大腿。此时，借助手臂向上、向外弧形划动的惯性，略屈肘，按上臂—前臂—手掌的顺序将手臂向上、向外提出水面。整个提肘出水的动作应迅速、干脆，紧紧接着推水动作进行，中间不能有丝毫的停顿，否则动作难以完成。手出水时小指侧领先可减小出水阻力。

4. 空中移臂

两臂提出水面后，即沿身体两侧低平的抛物线向外、向前抡摆。受出水动作的影响，移臂开始时肘关节仍呈微屈状态。两臂在向外、向前抡摆的过程中自然伸直，并始终保持拇指朝下的姿势。当两臂摆过肩的横切面时，转为向内、向前移动。此时肘关节微屈并略高于手，掌心转朝外斜下方，准备入水。

空中移臂时两臂应放松，肩部应略高出水面，使手臂保持在水面上前移，以减小移臂的水阻力。移臂动作要快，动作过慢会造成身体下沉。肩关节灵活性好，会使

蝶泳空中移臂

移臂动作更加轻松自然。

臂腿配合动作

在蝶泳时，手臂和腿部的动作要配合得当，如果配合不得当，就会影响动作的连贯性和协调性，影响动作的正确节奏，造成推进效果的下降。

蝶泳时臂、腿配合要做到，两臂入水时双腿开始做第一次向下打水，在屈腕抓水时完成腿的下鞭；两臂拉水的过程中双腿上抬；在两臂推水的过程中双腿开始做第二次向下打水，臂出水时完成腿的下鞭；两臂空中前移的过程中双腿上抬。

蝶泳中，在一个完整动作周期中的两次打腿，用力程度应当一致或接近一致。但由于身体位置的不同，会出现第 1 次打腿的幅度稍大于第 2 次打腿。第 1 次向下打水时，头、肩浸在水中，腿可以做较长时间较大幅度的下鞭使臀部向前向上升至水面；在接下来的拉水阶段中，由于头和肩仍然没于水中，使双腿有可能上抬至较高位置。第 1 次下打是在空中移臂引起身体下沉和游速减慢的情况下进行的。做好第 1 次向下打水动作，有利于及时调整身体位置，形成流线型身体姿势，保证游进速度的均匀性。

第 2 次向下打水时，头、肩都已露出水面，这就使臀部上升的幅度及两腿下打后上抬的幅度都受到限制。这种差别是由于身体位置不同而自然形成的。实际上，第 2 次打腿有着十分重要的作用，两腿的下打与手臂的推水要同时进行，不仅有利于腿、臂肌肉协同发力，提高动作速度，下打动作所产生的反作用力向上的分量还可以有效地抵消推水后半段和出手时两臂向上划水所造成的臀部下沉的趋势，使身体形成相对水平的流线型姿势，减小水的阻力。如果第 2 次打腿用力太小，就无法产生足够的力量使臀部接近水面，其结果将是阻力增大而游速降低。所以，第 2 次打腿应该更用力一些。

呼吸与臂的配合动作

游蝶泳的呼吸是随着两臂的划水及身体的波浪起伏而有节奏地进行着的。在游泳中，呼吸的时机十分重要。呼吸必须与两臂的划水动作严格合拍，才能保持身体的流线型姿势，保持两臂划水的持续，并保证完整配合动作的协调连贯。

蝶泳时正确的呼吸方法要求作到，两臂外划抓水时，头开始上抬；在两臂下划和内划的过程中继续抬头；内划结束两臂划至肩下时头抬出水面，下颌前伸；在两臂推水及空中移臂的前半段张口吸气；两臂前摆准备入水时迅速低头，稍闭气后开始呼气。头应在手臂入水之前浸入水中，但不宜过于下潜。

这种呼吸方法动作协调自然，在两臂推水使身体位置上升至最高点时吸气，有利于保持身体相对水平的姿势，减小水的阻力。头部领先于手臂入水，可以使头迅速得到水的浮力作用，从而避免了由于抬头吸气和空中移臂而造成的身体下沉。

有一个错误在游蝶泳时经常发生，那就是向上向后抬头吸气，这样做会造成上体翘起而腿部下沉，从而增大水的阻力，降低游进速度。还要注意呼吸时下颌前伸使口露出水面，头和肩应继续保持向前运动。

为了减小因抬头吸气而产生的身体流线型姿势的改变以提高游进速度，许多运动员在比赛中采用了划两次水呼吸一次的配合技术，即在一个动作周期中吸气，在另一个动作周期中不吸气。有些运动员在终点冲刺时甚至采用憋气游。在不吸气的动作周期中，应保持低头闭气，脸不露出水面，但在推水时仍应使肩部稍升出水面以便顺利完成空中移臂动作。

腿、臂、呼吸配合动作

腿、臂、呼吸的配合就是蝶泳的完整配合。通常采用打腿 2 次、划臂 1 次、呼吸 1 次的 2：1：1 的配合。

仰 泳

仰泳是游泳比赛项目之一。1900 年第 2 届奥运会开始将仰泳列为正式比赛项目。

仰泳的速度比自由泳慢，也稍逊于蝶泳，但要比蛙泳快。最初几届奥运会上的仰泳比赛都是采用反蛙泳姿势。在 1912 年第 5 届奥运会上，美国运动员赫伯纳采用两臂轮流划水、两腿上下打水的仰泳技术，以 1 分 21 秒 2 的成绩获 100 米仰泳冠军，显示了爬式仰泳技术的优越性，而反蛙泳逐渐失去在竞赛中的意义。

身体姿势

仰泳时身体几乎水平仰卧在水中，身体头和肩部略高于臀部，胸部在游进时正好位于水面，腹部和两腿保持在水面下 5 ~ 10 厘米，身体纵轴与水平面约成 5°~10° 的迎角。这种流线型姿势，既能有效地减小游进时的水阻力，又能充分发挥腿部动作的推进作用。

仰泳的姿势

游仰泳时，很关键的一个地方是头部的姿势如何，头部的姿势与使身体保持流线型关系重大。要求颈部自然伸直，下颌略收，后脑浸入水中，水面平耳际，脸露出水面；两眼看后上方，视线与水平面约成 45 度角，两眼余光可见脚打出的水花。

头部在游进中要保持相对稳定，不要上下左右晃动。

过于低头会造成含胸屈髋，形成"坐着游"的姿势，不仅无法充分发挥臂、腿大肌群的力量，还会由于臀部下沉增大身体在游进方向上的投影截面，从而产生较大的水阻力。过于仰头则会导致背弓，使肩部没入水中，从而加大水阻力并影响空中移臂和呼吸动作，同时还会抬高下肢位置，造成向上踢水时膝盖露出水面而降低了打腿动作的效果。

游仰泳时，躯干会随着两臂轮流划水的动作而绕身体纵轴左右转动。当手臂出水经空中前移时，同侧肩转出水面；当手臂入水时，同侧肩转入水中，在手掌下划至最深点开始上划时，身体转至最大幅度，此时两肩连线与水平面约成30°～45°角。髋部和腿部也应当随着肩的转动而适当转动，但幅度不宜过大。

腿部动作

仰泳时腿的动作作用有三点：一是推动身体前进；二是维持身体平衡；三是保持身体处于较高水平姿势。

仰泳的腿部动作与自由泳的腿部动作基本相同，只是卧水姿势不同，打腿方向相反。由于游仰泳时腿的位置较低，所以两腿的打水动作较深，打腿的幅度和屈膝的程度都略大于自由泳。确切地说，仰泳的腿部动作是以髋关节为轴，大腿发力，通过膝关节带动小腿和脚有节奏地做上下交替打水。

向下打水动作是从腿向上打水至最高点接近水面处开始的。下打时以髋关节为轴，通过臀部和大腿后侧肌群的收缩，由大腿带动小腿和脚向下运动。

在下打阶段的前大半部分，膝关节应伸直，踝关节应自然放松，脚掌与水平面约成45度角。当直腿下压至脚低于臀部水平时，大腿停止下压并转为上抬，小腿和脚则由于惯性作用而继续向下运动，完成后面的下压动作。此时膝关节逐渐弯曲。脚下压至最低点时，约在水面下

45 厘米深处，膝关节屈成 135°~145°角，小腿与水平面构成 35°~45°角。

随着大腿、小腿和脚依次结束向下的动作，腿的上踢动作紧接着就开始了。此时髂腰肌、股四头肌等肌群用力收缩，大腿继续上移，带动小腿和脚向上加速打水。当大腿上打至膝盖接近水面时，就应及时制动并转为下压。此时由于股四头肌强有力的收缩促使膝关节迅速伸直，小腿和脚加速上踢完成最后的鞭打抖踝动作，脚踢出水花。

上踢结束时，腿部完全伸直，脚尖稍低于水面。紧接着又开始另一个打腿动作周期。

腿的下压是打腿的恢复过程，可以使腿从一个有利的位置开始做强有力的上踢动作。在做下压动作时，脚相对于静水是向下、向前运动，不起推进作用。但水的反作用力向上的分量可以使臀部和大腿处于较高的位置，有助于保持身体的稳定和流线型。

在做向上打水动作时，由于打腿时人体不断向前移动，所以脚相对于静水实际上几乎是垂直向上运动，所产生的打水升力和打水阻力可以形成一个基本向前的反作用力，推动人体向前运动。

踝关节的灵活性对上踢动作的效果有很大的影响。如果踝关节灵活而放松，在上踢过程中能保持稍内旋并充分跖屈的姿势，则可以使脚掌平面与脚的运动方向形成一个合适的迎角，从而产生一个较大的垂直于脚运动方向的打水升力。

如果踝关节柔韧性差，脚掌平面与脚运动方向形成的迎角过大，接近于 90 度，则上踢动作主要产生向下的打水阻力，推进效果差。增大屈膝的程度虽然也可以减小脚掌对水的迎角，但过分屈膝会使小腿受到更大的水阻力。因此，仰泳腿部动作效果的提高应依赖于踝关节灵活性的提高。

仰泳鞭状打腿的动作要有鲜明的节奏，一腿下压时，另一腿上踢。两腿上踢下压的幅度约为 45 厘米。下压动作要相对柔和放松，上踢动作则要用力加速完成。上踢时应注意不能使膝和脚露出水面，否则会影响打腿效果。

臂部动作

仰泳时,臂的技术分入水、划水、出水和空中移臂五个部分,几个动作连贯地进行。

仰泳手臂的入水,应借助空中移臂的惯性进行。入水时手臂伸直,自然放松,手臂内旋使掌心朝向外侧,手掌在腕关节处内收,使手与前臂形成150°~160°的角度,以小指领先在肩的延长线(通过肩关节与纵轴平行的直线)前端切入水中。这种入水方式可以将手臂在入水时的挡水面控制在最小范围内,从而达到减小入水阻力的目的,同时,也有利于完成接下来的抓水动作。

入水动作正确与否对游进速度有很大的影响。手臂入水时不应过于偏离肩的延长线。入水点过于偏外会缩短划水路线,降低划水动作的推进作用,同时会增大水的阻力。

入水点过于偏内,严重时超过了身体中线摆向异侧肩,会造成手臂划水开始阶段出现明显的"侧向划水",引起身体左右摇摆,破坏身体的流线型,使游进阻力增大。

入水的另一个常见错误是用手背拍击水面。这不仅会使手臂本身受到较大的阻滞,不能顺利地做好后继的抓水动作,还会增大手臂的挡水面,掀起较大的波浪,并造成头部的上下起伏,从而增大游进的水阻力。

仰泳时身体呈仰卧姿势,由于肩关节结构的限制,手臂划水只能在侧面进行,不利于肌肉力量的发挥,而且由于侧面划水时手臂阻力点离身体纵轴较远,容易引起身体的侧向摆动,所以手臂的划水既要考虑充分发挥肌肉力量以产生大的推进力,又要考虑尽量减小其使身体侧摆的作用。

由于在划水过程中躯干绕纵轴的合理转动及手臂由伸到屈又由屈到

伸的动作，使手在划水的不同阶段处于不同的深度。对于静水来说，手的运动轨迹是一条复杂的三维曲线。而对于游泳者自身来说，手的划水路线在纵切面上近似于一个平放着的前浅后深的"S"形，主要表现为前端的下划、中部的上划和后部的下划三个连贯的阶段，可将其分别称为抓水、拉水和推水。

抓水：手臂入水后，应借助动作的惯性继续伸肩前移，同时随着躯干向同侧的转动直臂向下向外划动。随后开始屈腕、屈肘，使掌心逐渐转为朝着外下后方。

完成抓水动作时，躯干朝着划水臂方向转至最大幅度，手掌在水面下30～40厘米处，肘关节屈至150°～160°角。

抓水主要是为后面的"拉水"和"推水"做准备。正确做好抓水动作，能使肩带肌、胸大肌、背阔肌等适度拉长，增大肌肉的初长度，有利于增大划水力量。

仰泳抓水

抓水动作不充分，就会因过早划水而造成侧向划水或划空现象。如果手臂入水后没有向下向外划动屈腕抓水，而是立即屈臂沉肘直接向后划水，则会增大手臂在前进方向上的挡水面，增大水的阻力。

拉水：在抓水的基础上，前臂内旋，手掌上翻使掌心朝向后上方，肘部下降并进一步屈肘，手掌和前臂向后向上向内划动。

在这个上臂带动前臂和手掌向后上方"拉水"的过程中，手掌和前臂运动的速度比上臂快。当手掌划至肩侧拉水阶段结束时，手掌、前臂和上臂同处于肩的横切面上，屈肘程度达到最大，上臂与前臂成90°～110°角，手掌距水面10～15厘米，形成"倒高肘"的划水姿势。

推水：在拉水的基础上，手掌、前臂和上臂几乎同时用力，使掌心对着后方，手沿着"S"形路线的顶部向后推水。接着，上臂和肘关节逐渐靠近身体，前臂内旋，手掌和前臂用力向后向内向下推压，掌心由向后转为向下，加速完成最后的转腕鞭状下压的动作。

推水结束时，肘关节完全伸直，手掌划至大腿的侧下方，距水面40~50厘米。在这一阶段，为使手掌和前臂保持较好的对水面，上臂的运动应领先于前臂和手掌的运动。

抓水、拉水、推水三个阶段是紧紧连接在一起的，必须逐渐加速，中间不能有任何停顿。

在划水的过程中，手掌的朝向是不断变化着的。在抓水阶段，手掌平面与手的运动方向应成35°~40°的迎角。这样，不仅能利用所产生的向上的划水阻力使身体位置适当升高，还能产生一定的向前的划水升力推动身体前进。

在拉水阶段，手掌平面与手的运动方向大体成30°~40°的迎角，产生的反作用力以升力成分为主。当手臂划至肩侧屈肘达最大限度时，手掌平面基本与手的运动方向垂直，产生的反作用力则以阻力成分为主。

在推水阶段，手掌平面与手的运动方向约成40度的迎角，所产生的反作用力又以升力成分为主。这一阶段手臂向下压水所产生的划水阻力也有助于使身体保持较高的位置。

为了提高手臂划水的推进效果，还要注意调整手腕的屈伸角度。在开始阶段手腕应微屈，成150°~160°角，至中间部位时手腕应伸直；在推水时手腕要伸至200°~220°角；推水结束时应屈腕下压。

实验证明，在仰泳划水的中间部分，当上臂与两肩连线所形成的角度小于180度，约成150度角时，划水的力量最大。

当手臂在做向下推压水动作时，躯干已开始回转。随着划水臂最后的鞭状推压动作及另一臂的入水，躯干继续回转使划水臂的肩部转出水面。此时三角肌前部收缩，并借助手臂推压水所产生的反作用力向上的分量，将手臂按上臂、前臂和手的顺序依次提出水面。出水时手臂自然伸直，动作应迅速、轻松、自然。

臂出水时，手有三种姿势。第一种是在推压水结束后，臂自然伸直，略屈腕，以手背领先出水。这种方式动作放松，容易掌握，多为初学者采用，但出水时的阻力较大。

第二种是在推压水结束后，手臂稍外旋，掌心转向内，以拇指领先出水。这种方式出水阻力小，动作也比较自然，为大多数运动员所采用。

第三种是在推压水结束后，手臂充分内旋，掌心转向外，以小指领先出水。这种方式肩的位置比较高，出水阻力小，入水前不需再做臂内旋的动作，有些运动员也采用这种方式。但这种方式从出水到移臂肌肉都比较紧张，动作不够轻松自然。

手臂提出水面后，应以肩为轴，迅速沿着通过同侧肩的纵切面经空中向头前摆动。移臂时，手臂应自然伸直，动作应轻快放松。如果是以手背或拇指领先出水，当手臂移过垂直部位后即开始内旋，将掌心转向外。入水前，肩关节应充分伸展，为入水动作做好准备。

在移臂的过程中，应尽量向上顶肩，使肩部露出水面，以减少肩部受到的水阻力；手臂须始终与水平面保持垂直，任何偏离动作都会产生侧向分力使身体左右摇摆，同时也会直接影响后续的入水动作。

仰泳两臂的配合是保持游进速度均匀的关键，以采用"连接式"技术为好。具体做法是，当一臂处于最后的向下转腕推压阶段时，另一臂正好以小指领先切入水中。一臂提肩出水时，另一臂正处于下划抓水的阶段。一臂经空中前移到垂直部位时，另一臂正处于划水的中间阶段。这样，两臂几乎始终处于相对的位置，不停地转动。

"连接式"配合技术的特点是两臂连贯交替，动作协调，节奏明显。由于一臂结束划水动作开始上提时，另一臂已开始向下向外划动，所以两臂划水产生的推进力能紧密衔接，保证了游进速度的均匀性。

配合技术

仰泳中臂、腿、呼吸协调一致的配合，对于保持良好的身体姿势与均匀游速有着极其重要的作用。

游仰泳时，除出发和转身外，面部始终露在水面上，因而呼吸动作相对比较简单，但也要按严格的节奏进行，以保证提供最大的肺通气量使激烈的肌肉工作能持续进行，并使身体获得足够的浮力以保持良好的身体位置。

仰泳呼吸与臂配合的具体方法是，当一臂经空中前移时，用口深吸气；臂入水时吸气结束；在抓水阶段作短暂的闭气后，随划水的进行（此时另一臂正处于空中前移阶段）用口、鼻呼气，如此周而复始地进行。这种配合方式可以有效地控制呼吸节奏，既避免了因呼吸频率过快引起的动作紊乱，又能保证呼吸充分以满足运动时氧的供应。

正常仰泳，一般采用 6 : 2 : 1 的配合技术，即在一个完整动作周期中，打腿 6 次（左、右腿各 3 次），划水 2 次（左、右臂各 1 次），呼吸 1 次。

两腿的 6 次上踢下压，分别对应于两臂划水的三个环节。具体地说就是，一臂抓水时，同侧腿上踢；当手臂向上划水形成"倒高肘"姿势拉至体侧时，异侧腿上踢；当手臂向下推压转腕鞭水时，同侧腿再次上踢。随着另一臂的划水，腿部继续完成一个动作周期中的另外 3 次打腿。

这种配合技术，有利于充分发挥臂划水的力量，并有利于提高身体位置，避免身体过分的转动和侧向摆动。例如，臂划水结束后从水下快速提出水面时，产生的向下的反作用力将促使身体下沉，而此时同侧腿下压动作所产生的向上的反作用力，正好抵消了提臂出水动作使身体下沉的作用。

反蛙泳

反蛙泳是最早出现的一种仰泳，动作近似蛙泳，而身体姿势相反。即人体仰卧水面，两臂从头后经体侧向后划水。反蛙泳是实用游泳的一种，在水上救生中比较常用。

身体姿势

反蛙泳的身体姿势和仰泳的身体姿势相同，身体自然伸直，仰卧于水面，两臂放在体侧或前伸，微收下颌，滑动双臂向前游动。

腿部动作

反蛙泳腿的动作类似蛙泳腿。反蛙泳腿的蹬夹动作是推动身体前进的主要因素。腿的动作从身体伸直仰卧滑行姿势开始。收腿时略屈髋，臀部稍下沉，膝关节弯曲，小腿放松下沉向大腿后面折叠，两腿同时向两侧分开使两膝间的距离约同肩宽。当小腿收到与大腿垂直时开始翻脚，大腿稍内旋，小腿和脚向外张开，勾脚掌，使小腿和脚的内侧面向后对水。

翻脚结束时，大、小腿间的夹角小于 90 度，两脚跟间的距离宽于两膝间的距离。紧接着，髋关节展开，大腿前侧和内侧肌群发力，使膝关节开始伸直，小腿和脚保持良好的对水面向后方弧形蹬夹水，两腿边后蹬边内夹，整个蹬夹动作要加速进行。

在蹬夹的最后阶段踝关节伸直，完成脚掌向后向内向下的鞭打动作。两腿在蹬直的同时并拢，保持适度紧张、进入滑行阶段。

收腿、翻脚、蹬夹三个环节是紧紧相连的。收腿尚未完成就开始翻脚，在翻脚的开始阶段继续完成收腿；翻脚尚未完成即开始蹬夹，在蹬夹的开始阶段继续完成翻脚。整个动作要连贯，中间不能有明显的停顿。尤其应注意的是，在收腿、翻脚、蹬腿的全过程中，膝关节不能露出水面。

臂部动作

两臂动作从贴于体侧的滑行姿势开始。首先，以拇指领先，两臂自然伸直提出水面，并放松地沿体侧的垂直面经空中向前摆动。两臂摆过脸部上方时开始内旋，使小指侧转向下。然后，两臂伸直在肩前（肩延长线上或稍外侧）同时入水。

入水后应尽量向前伸肩以延长划水路线。然后，两臂向两侧分开，略屈腕使掌心朝向脚的方向，先直臂向外、向后划水。当划至两侧接近肩横线时，肘关节稍弯曲下沉，形成"倒高肘"姿势，使前臂和手掌形成良好的对水面，并继续用力在体侧向后推压水至大腿旁。划水结束时，两臂贴着体侧，掌心朝大腿，身体伸直成流线型向前滑行。

臂、腿、呼吸配合动作

游反蛙泳时，脸部始终露在水面上，呼吸不受水的限制，但要与臂、腿动作协调一致。一般是在空中移臂时吸气，臂入水后稍闭气，臂划水时用口、鼻均匀地呼气。

反蛙泳的臂、腿动作也是交替进行的，蹬腿与划臂轮流起着推动身体前进的作用。配合方式是，两臂提出水面经空中前移时，做收腿和翻脚的动作；两臂摆至头前即将入水时，两腿开始向后蹬夹；蹬夹结束两腿伸直并拢时，两臂在体侧向后划水。

划水结束后，两臂贴于体侧，身体自然伸直向前滑行。

侧　泳

　　侧泳是身体侧卧在水中，用两臂交替划水，两腿做剪水向前游进的一种实用游泳技术，也常被救生员所采用。侧泳的游法有很多，大致分为手出水和手不出水两种。

身体姿势

　　侧泳时，身体侧卧水中，头的一侧浸入水中，身体纵轴与水平面构成一个不大的迎角，腿部位置略低于肩部水平。

侧　泳

　　游进时，躯干会随着臂的划水动作而有节奏地绕纵轴来回转动，转动的幅度为 45°～50°。这种转动不仅有利于发挥臂划水和腿蹬剪水的力量，还有利于顺利完成空中移臂和呼吸动作。

　　侧泳有两种方式可供采用，一是用左侧卧姿势；二是右侧卧姿势。

腿部动作

　　腿部动作分为收腿、翻脚和蹬剪腿三部分。

　　侧泳腿的一个动作周期从两腿伸直并拢、身体侧卧向前滑行的姿势开始。收腿时，上侧腿膝关节弯曲，大腿与水面平行向身前提收，踝关节自然放松，小腿跟在大腿后面向前移。此时，下侧腿保持展髋姿势，膝关节弯曲，小腿向大腿后面折叠，使足跟靠近臀部。收腿结束时，上侧腿的大腿与躯干约成 90 度角，小腿与大腿之间成 45°～60°角；下侧腿髋关节伸展，大、小腿折叠成 30°～40°角。

翻脚是介于收腿和蹬剪水之间的一个过渡动作。当收腿动作接近完成时，上侧腿勾脚尖，膝关节开始伸直，小腿与水面平行稍往身前伸出，将脚底和大腿后侧面向后对准蹬水方向。下侧腿则绷脚尖，使脚背和小腿的前侧面向后对准剪水方向。

翻脚之后紧接着翻脚动作，上侧腿用力伸髋，大腿后摆使膝关节继续伸直，以大、小腿的后侧面及脚底与水面平行地向后加速弧形蹬夹。与此同时，下侧腿用力伸直膝关节，以脚背和小腿前侧面对水向后剪腿。随着两膝关节的伸直，上、下两腿形成剪刀状的剪绞动作，直至两腿伸直并拢进入滑行阶段。

滑行时，髋关节、膝关节、踝关节都自然伸直，腿部肌肉保持适度紧张以形成流线型姿势。

臂部动作

侧泳时，手臂的动作有两种形式：一种是两臂都不出水，另一种是有一臂出水。常用的是后一种形式，即一臂划水后提出水面经空中前移，另一臂划水后在水下收手前伸。通常把靠近水面的手臂称为上侧臂，而另一手臂则相应地称为下侧臂。

上侧臂的动作可分为入水、划水、出水和空中移臂四个紧紧相连的阶段。

入水时，手指向下，掌心斜向后，肘关节处于较高位置，按手、前臂、上臂的顺序在头的前方斜插入水。

手臂入水后即开始屈腕屈肘抓水，形成屈臂高肘姿势拉水至肩下部位；然后上臂向体侧靠拢，肘关节开始伸直，手和前臂加速向后推水至大腿旁。

划水后，手臂贴于体侧向前滑行。出水时，肘关节弯曲将手臂提出水面。接着，手臂自然放松以肘高于手的姿势经空中前移。

移臂的后半段，躯干绕身体纵轴稍往胸腹侧转动，以使手的入水点前移，增长划水路线。在划水的过程中，身体逐渐转回侧卧姿势。

下侧臂的动作可分为划水、收手、前伸三个紧紧相连的阶段。从臂前伸掌心朝下的滑行姿势开始，先屈肘、屈腕使手和前臂向下划动抓水，形成屈臂高肘姿势，然后以手掌和前臂对水在身体下方的胸腹侧向后拉水，手臂划到肩下位置时，肘关节约屈成110度角；手臂由此向后加速推水至腹部下方。接着，肘关节靠近体侧，前臂外旋使掌心转向上，手经腹前收至胸前，接着以手指领先贴近水面不停顿地向前伸出，掌心逐渐转向下，直至肘关节伸直。整个收手和前伸的动作要做得连贯自如。

侧泳时，两臂的动作是交替进行的。上侧臂提出水面经空中前移时，下侧臂在体下划水；上侧臂入水时，下侧臂收手；上侧臂划水时，下侧臂前伸。两臂在胸前有一个交叉的过程。上侧臂划水结束贴于体侧时，下侧臂在头前伸直。

臂、腿和呼吸配合动作

游侧泳时，一般采用1：2：1的配合技术，即在一个完整动作周期中，蹬剪水1次，划水2次（左、右臂各1次），呼吸1次。

上侧臂出水经空中前移时，身体侧转至最大限度，此时头略侧转使口露出水面开始吸气。上侧臂入水时吸气结束，稍闭气，脸随着身体的转动而浸入水中。在上侧臂划水的过程中，用口、鼻在水中均匀地呼气。

上侧臂入水、下侧臂收手时，开始收腿；上侧臂划至腹部下方加速向后推水、下侧臂向前伸出时，两腿完成翻脚动作开始用力向后蹬剪水。

上侧臂划水结束贴于体侧时，下侧臂在头前伸直，两腿同时完成蹬剪动作伸直并拢。此时身体侧卧，全身伸直成良好的流线型向前滑行，准备开始下一个动作周期。

自由泳

自由泳又叫爬泳，爬泳的名称来自于它的外观特征。爬泳时身体俯卧在水面，两腿上下交替打水，两臂轮流划水，动作很像爬行，故称为"爬泳"。

自由泳是现代竞技游泳比赛中的一个重要比赛项目。在奥运会游泳比赛中占有很重要的地位。奥运会自由泳项目有男、女 50 米、100 米、200 米、400 米、800 米（女子）、1500 米（男子）、4×100 米接力、4×200 米接力 8 项，在全部游泳项目 31 项中占 14 项，而且个人混合泳和混合泳接力中也包括自由泳，因此自由泳往往被看做是衡量一个国家游泳水平的标志。

自由泳的技术特点是：人体俯卧水中，头肩稍高于水面，游进时躯干绕身体纵轴适当左右滚动，两臂轮流划水推动身体前进。手入水后划水路线呈 S 形，呼吸与划水动作协调。当臂用力划水时，利用水流在头两侧形成的波谷吸气。

身体姿势

自由泳时，身体要俯卧水面保持较高的水平姿势，头部尽量与水面平行，从而避免因为头部过高带来的腿部下沉，造成身体在水中阻力过大。

游进中，身体作为一个整体随着手臂和腿部的动作围绕身体纵轴有

自由泳

节奏地转动，转动的角度最好为 60 度左右。因为经研究表明，身体处于侧卧位时在水里受到的阻力要远远小于平卧位时。因此，要减小阻力就要尽量减少身体处于平卧的时间增加侧卧的时间。另外，转动还有助于呼吸动作的完成，使换气不必刻意转头，而是随着身体的转动自然地露出水面。

腿部动作

在自由泳技术中，打水动作除了产生推动力外，还起着维持身体平衡的作用，它能使下肢抬高，协调配合双臂有力划水。

爬泳的打腿是两腿交替进行的，以髋、膝、踝三个关节为支点的多关节运动，即以髋关节为轴，大腿发力，通过膝关节带动小腿和脚掌上下鞭状打水。打腿时，腿要稍内旋，踝关节要自然放松，脚掌伸直并略内转，使脚背形成良好的对水面。

爬泳的打腿基本上是在纵切面上绕横轴进行的，左右两腿的动作一样，由向上打水和向下打水两个阶段构成。

向上打水开始时，大腿带动小腿和脚直膝上抬，踝关节自然放松。当脚跟抬到与臀部基本处于同一水平面时，大腿停止上移而转为开始向下运动，但小腿和脚由于惯性作用而继续上移。向上打水结束时，脚跟接近水面，膝关节弯曲形成约 160 度角。

随着屈髋程度的加大，大腿继续发力下压，带动小腿和脚掌向下打水，膝关节逐渐伸直。此时，水的阻力使踝关节跖屈、脚掌内转，形成一个良好的对水面。当大腿下压至膝关节略低于髋部水平时即停止下移而转为上抬。此时股四头肌用力收缩，使膝关节迅速伸直，小腿和脚继续向下加速运动，完成最后的鞭打动作。向下打水结束时，脚离水面约30～35厘米。接着大腿又带动小腿和脚直膝上抬，开始下一个打腿动作周期。

打腿的幅度（两脚尖在上下方向的垂直距离）为30～40厘米。打腿时，大腿的上抬和下压应始终领先于小腿和脚的下抬和下打，这是做好鞭状动作的关键。无论是快打腿还是慢打腿，直腿上抬和屈膝下鞭的动作都要有鲜明的节奏。

在打腿的一个动作周期中，向上打水阶段水的反作用力，朝下，向下打水的后段水的反作用力朝上，此时的腿部动作基本上不起推进作用。但在向下打水的开始阶段，脚的运动方向基本向下，再加上脚掌平面与脚运动方向形成约40度的迎角，可以产生较大的打腿升力，起到一定的推进作用，但要注意打腿动作不宜过深。

臂部动作

自由泳的臂部动作分为入水、抱水、划水、推水和空中移臂五个阶段，划水是产生推进力的主要阶段。

臂部入水时，肘关节略屈，并高于手臂，手指自然伸直并拢，向斜下方插入水中。手入水的位置应在肩的延长线上，或在身体的中线和肩的延长线之间。入水的顺序为：手、小臂、大臂。

手臂入水后，应在水下继续向前下方伸展，手腕自然微屈，掌心转向后，就好像用臂去抱一个圆球一样。抱水动作主要是为了划水做准备，因此是相对放松和缓慢的。抱水后逐渐屈肘，肘高于手，高肘的目的是使前臂和手最大限度地向后对准水。肘关节弯曲的角度为90°～120°。

随着身体的转动，小臂由外旋转为内旋，掌心由向内后方向变为向外后方向。向后推水是通过屈臂到伸臂来完成的。在推水过程中，手是向外、向上、向后的运动。肘关节向上同时向体侧靠近，并且手掌始终与水平面保持垂直。

整个划推水过程，手掌的运动路线并不是始终在一条直线或同一平面上，而是一个较复杂的三维曲线。从身体的额状面来看是一个 S 形，从身体的矢状面来看是一个 W 形。

在整个划水过程中，为了加长划水路线和加大划水力量，肩部应配合手臂进行向前、向下、向后的合理转动。

推水结束后，臂在惯性的作用下很快靠近水面，这时，大臂带动肘关节做向外上方的"提拉"动作，肘先出水，随后是小臂和手，掌心朝后。

臂在空中前移的动作是手臂出水的继续，不能停顿，移臂的动作放松自如，两臂的划水动作协调一致。在整个移臂过程中，肘部始终保持比手部高的位置。

在自由泳中，两臂的正确配合是保障前进速度均匀性的重要条件，并且利于发挥背部力量积极参与划水。自由游中两臂的配合可分为三种形式：前交叉配合、中交叉配合、后交叉配合。

"前交叉"是指当一臂入水时，另一臂处于肩前方与水平面成 30°角左右、刚进入拉水阶段的配合形式。这种配合形式，当一臂出水经空中前移时，另一臂正进行前伸抓水，比较容易维持身体平衡，有利于转头呼吸和掌握两臂交替的动作，所以较适合于初学者采用。但因一臂空中移臂和入水时，划水臂尚未进入最有效的划水阶段，在这个两臂都不产生推进力的空隙，游进速度将会下降，影响速度的均匀性。

"中交叉"是指当一臂入水时，另一臂划至肩部下方、处于拉水结束推水开始

自由泳手臂前划

的配合形式。这种配合形式可以使手臂在另一臂推水结束前就完成抓水，因而两臂的有效划水阶段略有重叠，从而能持续不断地产生推进力，保持身体匀速前进。

"后交叉"是指当一臂入水时，另一臂划至腹部下方与水平面成150度角左右、处于推水阶段的配合形式。这种配合形式，一臂提肘出水时，另一臂前伸抓水，两臂的交替比较连贯紧凑，两臂的有效划水阶段基本上能互相衔接，因而速度均匀性比"前交叉"好。但因抓水和拉水开始阶段产生的推进力不大，所以此间仍会出现一个短暂的减速，对游进速度有一定的影响，故推进效果不如"中交叉"。

除了以上三种有明显特征的两臂配合形式外，还有"中前交叉"和"中后交叉"的配合形式。从保持速度均匀性的角度看，中交叉、中前交叉和中后交叉相对比较合理。

臂部与呼吸的配合

自由泳中的呼吸技术较为复杂，但是它的好坏，直接影响着动作的协调和力量的发挥。

游自由泳时，是随着两臂交替划水时躯干绕身体纵轴自然转动而侧转头吸气的。一般是朝自己习惯的一侧转头，但最好能掌握向两侧轮流转头吸气的技术，以便在比赛中观察两侧的对手，同时也有利于平衡两臂的划水效果。

可以按照下面所说的办法进行转头呼吸：吸气侧的手臂入水前伸时稍闭气；随着划水动作，用口、鼻在水中缓缓呼气；当该臂划至肩下开始推水时，随着身体往吸气侧的转动，头也开始往吸气侧转动加速呼气；当该臂提肘出水时身体转动达到最大程度，脸部侧对着水面，口处于由向前游进所产生的头波的波谷之中，此时迅速张口吸气；当手臂经空中前移超过肩部准备入水时，随着躯干的转动。转头还原使脸部浸入水中，开始下一个呼吸周期。

需要引起注意的是，头应随着身体的转动而转动，不要向前向上抬头；转头的动作也不宜过大过猛，以免造成身体扭摆，破坏身体的流线型。

腿、臂、呼吸完整配合动作

自由泳中，呼吸、手臂和腿的配合是打6次腿，臂划水2次（简称为6次大腿配合），呼吸1次，也叫6：2：1配合。此外还有4：2：1、2：2：1配合等方式。一般来说，短距离运动员几乎全部采用6次大腿配合，而长距离运动员则多采用2次或4次大腿配合。

出　发

每一场游泳比赛总要从出发开始，出发是游泳比赛中十分激动人心的一刻，出发做得好坏，对比赛结果有着直接的影响，因此，无论是教练员还是运动员，都注重出发的技术训练。

运动员利用两脚蹬离出发台或池壁的动作，可以获得比正常途中游快得多的速度。

出发可分为两大类，一类是出发台出发，有摆臂式、抓台式、蹲据式出发等，为自由泳、蛙泳、蝶泳和个人混合泳比赛时采用。一类是仰泳出发，在水中进行。

出发台出发

1. 摆臂式出发

摆臂式出发是一种基本的出发姿势，在有无出发台的条件下都能进行，在助跑中也可运用，实用性很强。特点是起跳角度稍大，入水点较远。

绕环摆臂式出发具有蹬台力量大、腾空较高、入水点较远、滑行速度较快等优点。其弱点是预备姿势不够稳定，台上起动较慢。

摆臂式出发的预备姿势是站在出发台上，两脚距离与髋同宽，脚趾扣住出发台前沿，站好后身体前倾，两膝稍屈成165°～170°角，两臂自然下垂，眼睛向下看。

听到出发信号后，两臂作向后再向前的弧形摆动，两腿加大屈膝，重心

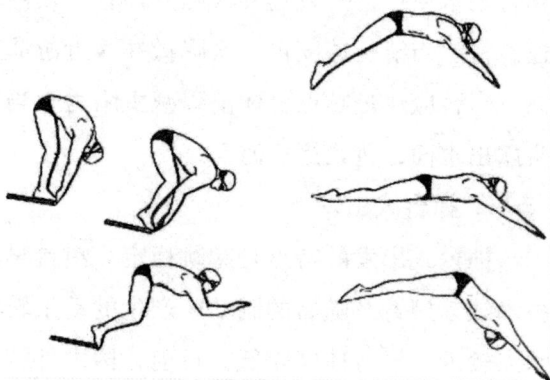

绕环摆臂式出发

加速前倾，当重心离支撑点前倾40°～45°角时，开始用力蹬离出发台，两臂摆至头前与身体约成150度角时立即停止摆动，起跳角度约25°～30°角。

在离开出发台后整个身体沿着抛物线的轨迹移动，腾空到最高点时，头稍低，夹于两臂之间，上体和重心稍下降移动，腿却是向上移动到比头高的位置，使身体按臂、头、躯干、腿的顺序入水，身体纵轴与水面约成15°～20°角。

入水后，身体要保持适度紧张和流线型姿势，利用起跳时获得的前冲力在水中向前滑行。根据入水的深浅和姿势的需要，两手掌适时的伸展，使滑行接近水面。当滑行速度接近游泳速度时，立即开始游泳动作。

自由泳的出水一般都是先打腿，然后臂再开始划水，而且一次划臂之后就要使躯干露出水面。

蝶泳出水一般是打几次腿，当身体在适当的位置时开始划臂，而且

一次划臂后身体就要在水面上游进。

蛙泳规则规定，在出发和转身后允许做一次手、一次腿的潜泳动作。因此，蛙泳时入水要深些，当滑行速度接近游进速度时，两臂做长划臂划水动作，一直划到大腿旁伸直，稍停，掌心向上，身体又一次加速滑行。当滑行速度再一次降低并接近游泳速度时，屈肘伸臂，掌心转向下，臂应尽量贴近身体前以减少阻力，当手臂接近伸直时蹬夹腿，使头露出水面，进入途中游。

2. 抓台式出发

抓台式出发的特点是起跳稳定、离台早、入水快。不足之处是，该技术缺乏摆臂及随后的制动所产生的动量转移，因而蹬台力量较小，入水点较近，滑行速度较低。目前，国内外游泳比赛中大多数运动员都采用这种出发方式。

抓台式出发技术一般划分为预备姿势、起跳、腾空和入水、滑行和开始游泳四个阶段。

（1）预备姿势

预备姿势一般是：站在出发台上，两脚分开与髋同宽，脚趾扣住出发台的前沿，膝关节屈成130°～140°角，上体前屈，胸部贴近大腿，臀部抬高，体重均衡地落在两前脯掌上；两臂放松伸直，两手抓住出发台面前沿；颈部自然放松，眼看下方水面。此时全身肌肉适度紧张，身体保持静止，集中注意力听出发信号。两手在两脚之间抓台称内抓式，在两脚外侧抓台称外抓式。

预备姿势时的两脚分开，可以使蹬台动作所产生的反作用力垂直作用于骨盆，有效地推动身体蹬离台面。双脚不宜并得太紧，也不宜分得太开，否则，蹬台动作所产生的反作用力将出现侧向分量，影响向前蹬跳的速度。

两膝弯曲的程度因人则异，但一定要抬高臀部使身体重心尽量靠前，以便起跳时重心垂线能迅速向前移出台面。不要过分屈膝，过分屈膝会造成臀部位置降低，身体重心偏后，起跳时重心前移的距离较长，势必造成起动时间的延长。

（2）起跳

在出发那一刻，两臂屈肘向上提拉，上体贴紧大腿，身体重心迅速前移使重心垂线超出台面，膝关节进一步弯曲约成 90 度角，自我感觉就像是要栽到水里一样。紧接着，两手松开，略抬头，两臂迅速向前摆出，两腿用力蹬伸，身体迅速展开。在蹬离台面的一瞬间，髋关节、膝关节、踝关节完全伸直，腿与水平面构成 15°～20° 的起跳角。

在出发阶段，起跳是非常关键的，应当做得快而有力。抓台式出发起跳时两臂的快速提拉是引起身体前倒、重心前移的直接原因。这是一个积极主动的动作，因而抓台式出发的起动速度快于摆臂式出发。

（3）腾空和入水

这个环节分两种形式，一是展体式，另一为洞式。展体式即两脚蹬离出发台后，身体伸展，两腿并拢，两臂前摆至前下方时制动，身体保持一定紧张度。由于起跳时身体重心位于台面对身体反作用力的作用线的下方，这就使身体在腾空后沿抛物线运动的过程中绕髋部的横轴前翻，上体向下倾斜，两腿继续上摆，由头高于脚的姿势翻成头低于脚的姿势。随后，两臂充分伸直并拢，头稍低夹在两臂之间，身体按手指、臂、头、躯干、腿的顺序插入水中，入水角为 10°～20°。

入水角因泳式的不同而有所差异。一般来说，爬泳和蝶泳的入水角比较小，入水时身体比较平，以利于身体及时浮出水面转入途中游。而蛙泳出发后可以在水下做一次长划臂和一次蹬腿的动作，滑行比较长，因而入水角应大些，入水应深些。

洞式入水技术的特点是，起跳角较大，约为 35°～40°；腾空较高，腾空至最高点时收腹、提臀、折体；手臂前摆不多，身体腾空至最高点时手臂即指向前下方入水点；入水时身体迅速依次展开，两手上下重叠，头夹于两臂之间，手、头、躯干和腿依次从水面同一位置像钻洞一样插入水中，入水角约为30°~40°；入水后身体略成反弓形向前上方滑行，注意用手臂控制滑行的深度，避免入水过深的错误。

采取"洞式"入水时身体与水的接触面小，能有效地减小入水时身体受到的水阻力，并能通过入水后的挺身动作把身体下落的速度转化为向前滑行的速度，因而水下滑行速度较快。但技术比较复杂，不容易掌握，对腿部力量及身体协调性的要求较高，且安全性较低，入水角掌握不好时容易发生头撞池底的事故，因此，在训练和比赛时要多加注意。

(4) 滑行和开始游泳

入水后，身体应保持适度紧张成流线型姿势，利用起跳所获得的速度在水中向前滑行，注意用手臂和头控制滑行的深度与方向。一旦入水过深，则手臂应适当上翘并略抬头，以使滑行路线接近水面。

当滑行速度略降低接近正常游速时，即开始衔接正常游泳动作。若是自由泳出发，则先做上下交替打腿或若干次海豚式打腿，然后做第一次划水动作使身体浮出水面转入正常的途中游。若是蝶泳出发，则先做若干次海豚式打腿，然后做第一次划水动作使身体浮出水面转入正常的途中游。

若是蛙泳出发，则在水下做一次长划臂和一次蹬腿，在第2次划臂至最宽点并在两手向内划水前头露出水面，转入正常的途中游。如果是自由泳或蝶泳出发，在离池壁15米前，头应露出水面，否则将被判犯规。

3. 蹲踞式出发

蹲踞式出发技术是近年来在抓台式出发的基础上演变而来的，主要可以防止伤害事故。有许多优秀运动员已经在使用这种出发技术。它与传统抓台式出发的主要区别在于预备姿势。蹲踞式出发的优势主要有两点：

首先，可以更快地入水。原因可能是这种出发可以使重心直接向前移动，直至到达入水点。在洞式出发中，重心在离台后移动的距离较长，因而增加了到达入水点的时间。

其次，两腿可以通过两次发力，使蹬离力量更大。在蹲踞式出发中，可以先蹬后面的腿，后蹬前面的腿。

具体来说，蹲踞式出发的预备姿势是一只脚的脚趾勾住出发台的前沿，另一只脚踩在出发台后面的斜坡上，前脚掌接近出发台的后沿。低头，用双手抓住出发台的前沿。身体向后倾斜，使重心落在后面的脚上。

当出发时，手臂拉动身体向前下方移动。然后先伸后腿，蹬离出发台，接着立即伸前腿蹬离。同时，手臂沿半圆形路线前伸，直到预想的位置。虽然出发时的身体位置较低，但应尽可能增大蹬离角。

离台后，在空中沿弧线飞行，但这个弧线比洞式出发的弧线要平一些，因此，很难从一点入水。但是，应该在腾空中弯曲腰部，形成较理想的入水角，从而尽可能以干净利落的流线型姿势入水。

除预备姿势以外，蹲踞式与抓台式出发的最大区别是蹬离角度。蹲踞式出发的蹬离角不大，否则在腾空时身体重心会升得较高，反而不利于发挥蹲踞式出发的优势。

入水后的滑行和出水与抓台式出发相似，只是蹲踞式出发的滑行距离要短一些，因为，蹲踞式出发的入水不如洞式出发利索，因此速度会很快下降。

仰泳出发

仰泳是一种人体仰卧在水中的游泳姿势，是运动员唯一能在水中开始的姿势，其他出发都是跳入水中。

当听到发令员或总裁判的第二次长哨声信号后，运动员立即下水面对池端，两手握住握手器，两脚平行蹬住池壁，脚趾稍低于水面，两臂自然放松。当听到"各就位"口令时，两臂立即屈肘把身体向前上方拉起，使身体大部分露出水面，头靠近出发台前缘，注意力集中，等候出发信号。

预备姿势时两脚的距离与髋同宽，蹬壁所产生的反作用力会直线作用于髋关节，推动身体向前跳出。如果两脚分得太开或靠得太紧，则反作用力会产生侧向分量，影响蹬跳速度。

做准备动作时，两臂屈肘提拉身体的高度要适宜。若提拉过高，会使起跳角增大，造成身体腾空过高，还容易使脚蹬滑而失去良好的支撑；若提拉不足，则难以使身体跃出水面，会使身体在蹬离池壁的过程中受到较大的水阻力。

听到出发信号时，身体要稍向上拉起，两膝伸展，并逐渐增加对池壁的压力，防止两脚滑脱。躯干稍靠近出发台，两脚立即蹬池壁，两手两臂推压握手器，使身体稍向上运动，以便获得初速度。推手动作结束后，两臂从身体两侧向前摆动，伸髋，使身体充分伸展，蹬离池壁，蹬离角为 15°~25°角。

由于在预备阶段提拉身体等待出发信号时，臂、腿的肌群处于静力工作状态，为了使静力紧张的肌肉迅速转为动力工作，并使肌肉在收缩前适当拉长，以通过初长度的增加来增大收缩力量，在蹬壁前先做一个微小的预蹲是必要的。这个动作应做得快速而富有弹性。

仰泳出发时两臂的挥摆，既可加大双腿蹬壁的力量，又有助于控制起跳角度，使身体形成良好的腾空入水姿势。

两臂的摆动方式有两种。一种是两手分别抓握出发握手器的竖杠，向内推压后，两臂伸直经身体两侧摆至头前并拢。这种方式可以使躯干保持较高的腾空位置，不致造成跃起高度的降低，适合于起跳晚、跃起低的人采用。

另一种是两手分别抓握出发握手器的横杠，向下推压后，两臂略屈向上挥摆，并随着身体的后倒摆至头前并拢伸直。这种方式由于摆臂时肘关节稍屈，缩短了转动半径，因而摆动速度较快，而手臂过头后的前伸动作又有利于增大腿的蹬壁力量，提高蹬离池壁的速度。但由于手臂向上挥摆会造成上体向后翻转，从而降低身体腾空的高度。因此，这种方式较适合于起跳早、腾空高的人采用。

蹬离池壁腾空时头后仰、挺胸，两臂继续前摆至头前，使身体成反弓形，腿和臀部腾离水面，这时身体重心离水面约 30 厘米。入水时，手先入水，头稍低，身体与水面成一个很小的角度入水。

由于仰泳出发时身体接近水面，所以臀部的入水点稍靠后。腾空中两腿要稍上摆，以使双脚能在臀部的入水点处入水，避免出现双腿拖水的错误，以减小入水时的水阻力。

入水后，手臂适当上扬，躯干、髋关节、膝关节、踝关节伸直，身体伸展成流线型在水面下向前滑行。滑行中，用鼻缓缓呼气以防鼻腔进水。

当滑行速度略降低接近正常游速时，便开始仰泳的打腿动作，然后接着做划臂动作，使身体升出水面转入途中游。目前，一些运动员在滑行后采用反海豚式的打腿动作在水下游进一段距离再升出水面。这种技术减小了水面的波浪阻力，有利于发挥腰腹肌群的力量，充分利用海豚式打腿动作所产生的较大的推进力来提高潜游速度。但在离池壁 15 米前，头应露出水面，否则将被判犯规。

转　身

每一次激烈的游泳竞争都离不开转身。这是由于游泳比赛多数是在 50 米或 25 米的游泳池中进行的。除了在 50 米泳池进行 50 米项目的比赛外，在其他项目比赛中，运动员游到池端后，都必须折返回头继续游。转身就是指这一折返动作。比赛距离越长，转身的距离就越多。

转身技术运用的好坏，对比赛成绩有着直接的影响，因此掌握好转身技术对提高竞技水平有着非常重要的意义。

游泳转身的方式很多，不同的泳式有不同的转身方法，同一种泳式也有多种不同的转身方法。这些转身方法是在长期的竞赛实践中产生并不断发展起来的。按其动作形象，大体可以分成 3 种类型，即平转式、摆动式和滚翻式。

平转式转身时，不改变身体原来的卧水方式，身体在水平面上绕垂直轴像磨盘一样转动。这种转身技术比较简单，容易掌握，适合于初学者采用，但转身速度较慢。常见的是仰泳平转身。

摆动式转身因在推离池壁时有一个上体的侧向摆动动作而得名。这种转身技术比较自然、省力，是一种基础的转身方法。由于转身时身体同时或连续地围绕几个轴转动，所以回转速度较快。常见的有爬泳摆动式转身、蛙泳摆动式转身和蝶泳摆动式转身。

滚翻转身是所有转身动作中速度最快的一类。这类转身动作，身体同时或连续地围绕几个轴转动，边翻边转，身体团得紧，转动半径短，回转速度最快。但滚翻转身动作比较复杂，学起来较为困难。常见的有爬泳前滚翻转身、仰泳半滚翻转身及仰泳前滚翻转身。

各种转身动作尽管外观差别很大，但大体上都可以分为游近池壁和触壁、转身、蹬壁、滑行和开始游泳等几个环节。各个环节紧紧相连，整个动作要做得圆滑、连贯、快速。具体地说，要注意以下几个方面：

游近池壁时应保持途中游原有的速度，要能利用池底标志线和仰泳转身标志线来准确地判断离池壁的距离，学会根据自身的身高和游速及时调整好划水和触壁动作。同时，要掌握熟练的转身技术，做到无论哪只手触壁都能运用自如。

转身时，要能够使身体原来具有的向前的水平游进速度迅速转变为翻转速度。对于需用手触壁的转身动作，要求手的触壁点适当偏离身体重心在池壁上的投影点，并在适当缓冲之后用力推壁，从而产生一个较大的使上体往相反方向运动的力。

由于触壁前手臂的划水和腿的蹬夹打水动作所产生的推进力使下肢继续向池壁靠近，两个力的合力促使身体迅速翻转。

对于手不触壁的前滚翻转身，应当通过低头屈体的动作，使头和背部受到较大的水阻力。由于触壁前手臂的划水和腿的打水动作产生的推进力使髋部和下肢继续向池壁靠近，两个力也就促使身体迅速翻转。

下面是按照游泳的方式将转身分为蛙泳转身、蝶泳转身、仰泳转身、自由泳转身。

蛙泳转身

蛙泳的转身在规则中要求必须两手同时并在同一水平面上接触池壁，触壁前，身体必须保持俯卧，所以它的转身动作要比其他游泳姿势稍慢些。

运动员在游近池壁时，应尽量保持途中游的速度，并根据身体与池壁的距离及时调整好动作。蛙泳应该是最后一次蹬腿结束，两手前伸触壁。两手的触壁点在正前方水面处或略高于水面处，两手间的距离约为 10～15 厘米，手指向上。

蛙泳转身前触壁

以向左转身为例来说明转身动作的完成情况，两手触壁后，在惯性的作用下身体继续接近池壁，这时两臂应屈肘缓冲，同时屈髋、屈膝，两腿前收，身体绕横轴转动，使头和肩部露出水面并张口吸气。紧接着，左臂屈肘拉回左胸前，同时身体绕纵轴向左转。当身体转到侧对池壁时，右手推离池壁，身体绕贯穿腹背方向的矢状轴向左侧倒；右臂在空中经头部上方甩向转身后的游进方向，并随着头、肩的入水以手指领先在头前插入水中。与此同时，继续屈膝团身提臀，使两脚向池壁贴靠。完成翻转动作后，两脚右上左下斜蹬在水面下约 40 厘米的池壁处，两腿屈膝，身体侧卧，躯干伸直，两臂稍屈，准备蹬壁。

在身体沉入水中两脚贴壁后，两臂立即向前伸直并拢，头夹于两臂之间。接着，两腿用力蹬离池壁，身体伸直成流线型在水面下向前滑行，并逐渐转回俯卧姿势。

在滑行中，身体应保持一定的紧张度，两臂、两腿都要并拢伸直，腿尖绷直，在水面下 40～50 厘米深处滑行，以尽量减小压差阻力和波浪阻力。

蛙泳转身蹬壁时，身体应适当向下倾斜，以使身体在滑行中达到足够的深度，便于完成水下长划臂和蹬腿动作。当滑行速度下降至接近正常游速时，两掌心转向外斜下方，略屈腕，两臂开始向外划水；随后逐渐屈肘，形成高肘姿势，两手掌转为向下、向内、向后划水至腹部下方，此时两手相距较近；接着两臂加速伸肘向后、向外、向上划至大腿旁，掌心转朝上。在长划臂的过程中，头稍上抬，使身体向前上方水面滑行。当滑行速度再次下降接近正常游速时，两手贴着腿、腹收至胸侧，并不停顿地前伸。在收手的同时收腿、翻脚。两臂即将伸直时，两腿迅速向后蹬夹，使头向前上方升出水面转入正常的途中游。

蝶泳转身蹬壁时，身体基本成水平，滑行路线比较平直。当滑行速度下降至接近正常游速时，可先做一次或多次海豚式打腿动作，然后开始划水，使头向前上方升出水面转入正常的途中游。

蝶泳转身

竞赛规则规定，蝶泳每次转身，两手都应在水面上或水面下同时触壁，两肩应保持水平位置。

蝶泳的转身技术与蛙泳转身技术基本相同。也是两臂前伸，在正前方高于身体重心的地方触壁。触壁后，全手掌压池壁，手指向上，随着惯性屈肘、屈膝团身，同时身体沿纵轴向一侧转动，并抬头吸气。当身体转至侧向池壁时，向前进方向甩头入水，然后用另一侧的手臂推离池壁转身。转身后，两腿弯曲，两臂伸直，头夹在两臂中间，然后用力蹬离池壁。

规则允许蝶泳转身后，在水下做一次或多次打水动作和一次划臂动作。

仰泳转身

竞赛规则规定，仰泳时手触池壁前和转身蹬离池壁后，身体必须成仰卧姿势。这就限定了其转身的技术发挥。仰泳转身是由仰卧转为俯卧后的自由泳前滚翻转身，只是转身时只绕横轴进行，转过后成仰卧姿势蹬离池壁。

1. 平转身

仰泳的转身技术有多种，最简单的当属平转身。平转身的特点是速度慢，但简单易学。

由于仰泳是背向游进的，要准确地判断自己与池壁的距离比较困难。一般是当头部经过离池端 5 米的仰泳转身标志线下方时就开始数划水动作次数并调整划水动作。通过反复练习形成动力定型，做到准确触壁。

以左手触壁为例。游近池壁时，在右臂完成最后一次划水的同时，左臂经空中摆至头部右前方，同时头和肩偏向右侧，左手在右肩前方约离水面 20 厘米深入触壁。

左手触壁后，屈肘缓冲，身体因惯性而继续接近池壁，此时迅速屈膝团身收腿。由于触壁时左臂及头、肩的右偏，身体开始在水平面上绕垂直轴旋转。两腿屈膝并拢沿水面摆向池壁。此时左手向左推拨池壁，右手屈肘，掌心向内，朝自己头部的方向划水。左臂推拨池壁和右臂划水所产生的反作用力将加快身体的旋转。身体完成180度平转后，两脚蹬在水面下约30厘米深处的池壁上，上体正对游进方向，两臂屈肘移至头侧。

完成转身动作后，两臂并拢向前伸出，头夹在两臂之间，两腿用力蹬伸，髋、膝、踝迅速伸展，身体伸直呈一直线以仰卧姿势蹬离池壁。

两脚蹬离池壁后，身体保持流线型姿势在水面下向前滑行。当滑行速度下降至接近正常游速时即开始打腿，然后接着做第一次划水动作使身体升至水面转入正常的途中游。

2. 前滚翻转身

由于是仰卧游进，因此，在做仰泳前滚翻之前必须先使身体翻转成俯卧姿势，滚翻之后正好成仰卧姿势，即可蹬壁滑行。

由于做前滚翻转身时，身体团得紧，翻转半径短，同时能有效地将水平游进的速度转化为滚翻的速度，因而滚翻速度快。再加上滚翻之后身体即成仰卧姿势，双脚一触壁马上就可蹬壁，因而滚翻与蹬壁动作连得紧。整个动作圆滑、紧凑、快速，适合于较高水平的运动员采用。

仰泳转身

以向左转体为例来说明仰泳前滚翻转身情况。游近池壁，在左臂做仰卧姿势下的最后一次划水时，身体绕纵轴向左转成俯卧姿势。在身体左转的同时，右臂经空中摆至头前入水。左臂继续划水至大腿边停住，右臂加速向后划水至大腿旁。紧接着迅速低头，并腿屈膝，两臂外旋使掌心转向下。随着头、肩的下潜，收腹屈髋，两手掌向下推压，两腿做一次轻快的动作帮助提臀，身体绕横轴向前滚翻。当身体翻转两腿提出水面时，两腿屈膝，两脚迅速经空中甩向池壁。滚翻结束时，上体平直仰卧水中，两臂夹于头侧，髋关节稍展开，两脚贴在离水面约30厘米深处的池壁上。

完成正前滚翻后，两臂朝游进方向伸出，头夹在两臂之间，两腿用力蹬伸，身体成仰卧姿势蹬离池壁。

两脚蹬离池壁后，身体充分伸展成流线型在水面下向前滑行。当滑行速度稍降低时，即开始仰式打腿，然后接划水动作使身体升至水面转入正常的途中游。

仰泳前滚翻转身，需准确判断身体与池壁的距离，适时开始翻转动作。如果离池壁太近，则影响转身动作；如果离池壁太远，滚翻之后脚仍够不着池壁，则动作失败，不能重新触壁游出。此外，应注意避免犯规。身体一旦翻转成俯卧姿势，则所有动作都必须是完整连贯转身动作的一部分。常见的犯规动作是，翻转成俯卧姿势后多划一次臂或继续打腿游进。

自由泳转身

自由泳转身的规则规定，可用身体的任何部分触壁。所以自由泳的转身方法较多，如抬头转身、低头转身（也叫平转身）、摆动式转身和前滚翻转身等。这里只介绍较简单的摆动式转身和运动员常用的前滚翻转身。

1. 摆动式转身

摆动式转身是自由泳转身方法中比较简单的一种。这种转身方法速度较慢，但动作结构简单，比较省力，便于呼吸，容易学会，因而适合于初学者或训练水平较低的运动员采用。

以右手触壁做转身动作为例。

在游近池壁时不减速。随着左臂做最后一次划水动作，右臂经空中摆向头的正前方，手指向上在高于身体重心投影点的水面上触壁。

随着身体向前游进的惯性，右肘弯曲缓冲，身体继续靠近池壁并围绕纵轴向左转动成侧卧姿势，同时开始屈髋、屈膝、向前收腿。紧接着，右臂伸肘推池壁，使身体围绕贯穿腹背方向的矢状轴转动，头、肩露出水面，张口深吸气。与此同时，髋部下沉，两腿由于运动惯性而继续靠近池壁。紧接着，头、肩积极侧倒，右臂经头上方甩向游进方向，稍屈肘，以手指领先在头前插入水中，两脚继续向池壁贴靠。此时左手由下向上划水，帮助身体侧摆并使上体迅速沉入水中。

完成转身时，身体没于水中成左侧卧姿势，躯干伸直对着游进方向，两臂稍屈，屈髋、屈膝，两脚右上左下贴在水面下约 30 厘米处的池壁上。

完成转体后，两臂在头前并拢伸直，头夹在两臂之间，两腿用力蹬壁，髋、膝、踝依次迅速伸展，身体继续绕纵轴向左转。

两脚蹬离池壁后，身体成流线型姿势在水下向前滑行。在滑行中，腹背肌保持适度紧张，臂、腿并拢并充分伸直，以减少身体在游进方向上的投影截面，减少滑行阻力。当滑行速度下降至接近正常游速时，立即开始打腿，接着做第一次划臂使身体升至水面向前游进。

2. 前滚翻转身

前滚翻转身是游泳转身速度最快的一种。这种转身技术在转身时手不触壁，而用脚触壁，其特点是速度快。

当游近池壁时，做最后一次划水动作，使两臂划至体侧，准备向前滚翻转身。当两臂划水至髋部时，两腿停止交替打水，做一次轻微的蝶泳的打水，同时低头，两掌心向下推水，接着屈髋、提臀、屈膝，做前滚翻。当滚翻至一半时，左手屈肘向头部划水，帮助转体，右手在体前侧做斜向划水，以帮助做转体四分之一的动作，接着两腿并拢，屈膝向池壁甩小腿。左手划至头部与右手并拢，转身完成时必须使身体处于做蹬池壁的有利位置。

转身结束时，两脚被甩贴到池壁上，立即开始蹬壁，整个动作过程是连续不断的，蹬壁时，两臂前伸，头夹在两臂中间，然后伸髋、伸膝和伸直踝关节，使蹬壁的用力方向与身体的纵轴一致。蹬离池壁后，身体保持流线型姿势向前滑行。当滑行速度降至接近游速时，开始打腿和第一次划臂。

终点技术

相信没有一个运动员会轻视终点技术，终点技术对成绩的影响不言而喻。自由泳和仰泳的一次划水需时约 0.5 秒，蛙泳和蝶泳则需要大约 1 秒。如果终点时技术运用不合理，很可能就会多划一次水，这就浪费了时间，影响了成绩。

自由泳终点技术

自由泳的结束动作要注意三个关键点：最后的换臂，用力打腿，触壁。三个关键点需要紧密结合，才能发挥出最好的效果。

游泳终点冲刺

（1）近终点时加快手臂的换臂速度。一只手高高举起，迅速升到水面上。另一只手臂则在水下用力加速划水。

（2）打腿要用力，并且要连续多次。

（3）手臂尽量向前伸直，注意触壁不是用手掌而是用指尖。面部要留在水中，因为抬头会使触壁时速度变慢。

仰泳终点技术

（1）由于仰卧于水中，看不见前面的池壁，因此仰泳是根据旁边的旗子来计算到达池壁的划水次数。最后的划水要加快速度，打腿则更要快。不触壁的手臂用力划水。

（2）另一手伸直手臂，挺直身体用指尖触壁。

蛙泳终点技术

（1）近终点的最后几次手臂划水与换臂要加速进行，并用力打腿。

（2）蛙泳要求双手同时到达池壁。为减少阻力，双臂应并拢触壁。面部留在水中，面向池壁伸直身体。

蝶泳终点技术

（1）在接近终点时手臂的划水动作要加速进行，最后的打腿也要倾尽全力。

（2）要屈肘出水，空中移臂，面部留在水中，身体向前伸。蝶泳也是双手同时触壁。

提高速度的技术

游泳技术最根本的问题是减小阻力和增大推进力，因此，合理的游泳技术就必须按照游泳比赛规则的要求，利用流体力学原理和生理解剖学的知识，提高游泳游进速度，下面是提高游泳游进速度的技术，要注重这些方面的科学训练。

流线型的身体姿势

躯干是形成游进阻力的最主要部位，不同的身体姿势其阻力值不同。游进时保持高而平的流线型身体姿势，可以最大程度地减小阻力。

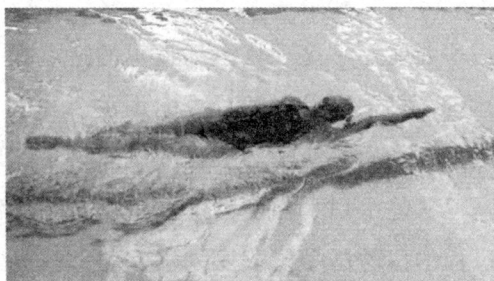

流线型的身体姿势

协调而有节奏的动作

不同的泳式，其动作周期内部的速度都有自身的规律，在一定程度上也体现了运动员个人的技术风格。合理的动作节奏可减少体能的消耗，通过调节大脑兴奋程度还可使肌肉收缩与放松活动更加协调，并能获得较好的动作附加效果。

屈臂高肘划水

手臂划水是游泳时产生推进力最主要的来源。在手臂划水过程中，手掌的位置和姿势最为重要，因为掌形会影响划水效果。研究表明，手指自然并拢或稍分开的掌形所受的阻力是最大的。

屈臂高肘划水技术是目前游泳界公认最好的划水技术。在屈臂高肘的动作中，前臂内旋和"肘关节前顶"动作对手臂形成高肘姿势尤为重要。屈臂高肘划水不仅增加了手臂划水的挡水面，牵引更多的肩带肌群参与划水，延长有效划水路线，提高划水动量，更重要的是在整个划水过程中，手臂各部位的协调运动使手臂各部位运动速度依次达到最大速度，能够相应地降低手臂划水过程中的负荷，从而以更省力、更快的方式划水。

科学曲线划水

曲线划水是现代游泳技术的特点之一。在水下的推进力阶段，优秀运动员多采用沿对角线方向划水，并以 50°～70° 的攻角保持手臂向后的最大对水面，使阻力推进力的效力达到最大化。

从整个划水周期看，划水路线的变化应满足两个条件：一是在划水过程中，通过手臂改变划水方向支撑更多的水，并将其向后推，获得最大的"流体反作用力"；二是必须避免使获得的"流体反作用力"所产生的有效力明显偏离游进方向。

加速划水

从阻力与速度的平方成正比关系来看，划水应该是加速进行才有利于增大推进力，但实际划水过程中，手臂划水并不是逐渐加速，这主要是受划水方向和攻角变化的影响。

加速划水是提高速度的重要手段

由于手臂划水路线呈三维曲线，所以在实际测量中，游泳运动员手掌划动是有节奏地加速、减速的，最后阶段划水速度最快，所以划水速度从整个划水过程上看是呈加速趋势。

划水速度快慢与身体游进速度快慢的关系十分密切，划水速度快慢应建立在有效推进力的基础上。如果划水速度快慢与身体游进速度的快慢不成规律的变化，说明划水效果不好，划水速度也就没有实际意义。缩小划水速度与身体游进速度的差距，其根本的途径是不断改进技术，提高效率。

手形要合理

正确的手形应该是手指自然伸直，既不用力并拢，也不用力分开，只是自然分开 0.2 ~ 0.4 厘米，使手指不要过于紧张。

为什么游泳时，手指不能分开呢？这是因为手指分开较之手指并拢更能使手掌、手背及手指部位的肌肉疲劳、僵硬，必然会影响游泳时的速度。

手脚倾斜 20° ~ 50° 会加快速度，运动员通过手脚向上、向下、向内、向外的划水动作，利用所谓的扬力或获得推力。如果能把手脚倾斜到适当的角度，不仅可以提高游泳速度，而且节省力气。

手掌的角度是 40 度的时候，能产生最大扬力。如果手掌脚掌正是受水的阻力的角度，那么即使拍水，推力也很小。因此，向哪个方向划水是关键。在实际游泳当中，保持 40 度划水很难，保持 20° ~ 50° 正确的划水角度。为了更快地提高速度，掌握这个角度划水的技术是非常必要的。

手掌与水的角度等于或大于 70 度时，会感到水很重，而且角度愈大，水的阻力愈大，不仅浪费力气，而且不能产生推力。

适宜的划频与划步

游速取决于划频和划步（即每一次划水产生的位移距离）。从理论上分析，过快的划频不仅会导致划步的损失，且易使肌肉产生疲劳，而低划频高划步的比率，又会使手臂在每次划水中不得不过度用力而降低工作效力。对于每一位运动员来说，应寻求两者的最优比率。

运动员可以通过训练，并根据个体神经系统和肌纤维的组成特征，建立适合自己且相对稳定的划水频率，为不断提高划步奠定基础。而划步的提高依赖于技术、体能和个体的"水感"。因此，每位运动员都有自己最合适的动作频率，而这恰恰是建立在自己最有效的划水效果基础之上。

PART 5 基本术语

游泳是一项讲究技术的运动项目，合理的游泳技术充分发挥和利用了人体运动潜力，既符合人的生理和解剖特点，又遵循了水中运动的规律。了解和掌握游泳的专业术语，有利于在学习、训练中进行比较和评价，从而科学地提高游泳技术水平。

基本动作

游泳的基本动作是指各种泳式按其特定的姿势和技术要求而连续反复进行的腿、臂、呼吸等各个局部动作。

游泳的基本动作是构成各种泳式完整技术的基本要素。对于发展专项素质，提高专项技术技能有很大影响。

运动方向

运动的方向是指运动时对身体上、下、前、后等的规定。通常情况下，人体在进行一般陆地上运动时以直立姿势为准，规定头的方向为上，脚的方向为下。胸的方向为前，背的方向为后。

　　游泳项目中由于身体姿势的特殊性，对运动方向的规定也存在较大差异。当人体平卧于水面时，则规定头的方向为前，脚的方向为后，浮力的方向为上，重力的方向为下，身体的左、右为侧：头的方向通常就是游进的方向。描述肢体的运动时以起动时的方向为准：例如，向前移臂、向后蹬腿、上下打水、身体侧转等，都是以这种统一的方向规定为准的。

动作周期

　　动作周期是指一次完整的臂腿配合所做动作全过程的时间，也可指做一次臂或一次腿完整动作所需要的时间。不断重复一个动作周期的运动称为"周期性运动"。

　　游泳动作周期通常用"秒/次"来表示。不同的游泳技术其臂和腿的动作周期也不一致，如自由泳、仰泳、蝶泳臂的动作周期是从臂入水时开始；蛙泳臂的动作周期则是从前伸滑行后，向两侧分开前开始；蛙泳腿的动作周期是从蹬夹并拢后向前收腿时开始。

身体位置

　　游泳的身体位置是指游泳时身体平卧于水，髋部处在水中的深浅程度。

　　游泳时身体位置直接影响腿、臂动作的发挥和游泳速度。如头部过分抬高，髋、腿下沉，则身体位置低，阻力增加，动作费劲而速度不快。因此，身体位置被作为衡量技术水平的主要依据之一。

保持合理的身体位置在于做好正确的游泳姿势。保持头部、躯干、髋、腿平展于水面，有利于手臂划水和两腿蹬（打）水动作，并可减小人体的水中阻力，提高游动速度。

身体姿势

游泳的身体姿势是指游泳时人体卧在水中的基本形状和要求。

身体姿势直接影响游泳技术水平的发挥。要求游动时的身体形状呈流线型，以最大限度地减小水中阻力，使手臂、头、颈、躯干、腿呈一直线，稍挺胸，收紧腹肌，平展于水面。

身体呈水平姿势时，采用不同的头部姿势阻力也不同。头部姿势有水平面齐发际和水平面齐眉际两种。实验证明，当前进速度达到每秒2米接近游泳速度时，水平面齐发际的阻力较小。这些要求对减小波浪阻力、背部受漩涡阻力有好处。

另外，身体转动的大小取决于运动员的技术、个人特点和游泳速度。转动幅度是两肩横轴与水平面构成35°～45°夹角，身体向非吸气的一侧比向吸气的一侧转动应减少10°～15°夹角。

各种泳式对身体姿势也有不同的要求，如仰泳要求平展仰卧于水面，稍挺胸，伸髋，避免臂部下沉；海豚泳躯干要略加收腹挺腹的反复交替，来协同腿臂动作呈现有规律的上下起伏运动，而形成波浪动作，有利于推进。

动作频率

游泳的动作频率是指单位时间内完成完整动作的次数，一般用"次/分"来表示。

由于动作频率反映的是动作的快慢程度，因而它与动作周期呈倒数关系，即动作周期越长，动作频率就越低；动作周期越短，动作频率就越高。由于游泳动作主要表现为手臂的划水，所以在技术分析时常把动作频率简称为划频。

游泳的动作频率计算公式为：

动作频率＝动作次数/所用时间（除出发和转身时间）

在游泳训练中，为了测量某游距段的频率或推测全程的动作频率，也有采用5次动作（自由泳和仰游以单臂计算）的时间表示动作频率。

动作频率＝5次动作/5个完整动作的时间（秒）

动作节奏

游泳的动作节奏是指游泳时每一个动作周期内各技术组成部分的动作速度与时间的比例关系。它是评定技术的重要指标，是个人技术风格的具体体现。

各种游泳技术的动作节奏虽然不一致但都是有规律的，如自由泳臂的一个动作周期中，慢动作路线（即臂入水开始用力拉水）占整个划水路线中的七分之一左右，而慢动作所用的时间要占一个周期的四分之一；蛙泳臂的一个动作周期的准备阶段比划水阶段相对要慢，划水阶段所用时间约占一个周期的三分之一，这种相对稳定的内部速度比例，就形成了游泳的节奏。

人们通常将动作节奏作为衡量游泳技术是否合理的重要标准之一。学习游泳时，初学者往往在短时间内难以较好地掌握技术要领，动作不规范，节奏紊乱。如学习蛙泳腿时，收腿动作很快，蹬夹水动作却缓慢无力，造成节奏不合理，游进效果差。

动作次数

动作次数是指游完一定的距离所用的动作周期次数，也称为"划水动作次数"。一定的划水次数反映了划水的效果，与划水距离直接相关。如 50 米用了 20 个动作周期，实质上也反映了每一次划水身体位移的距离（划步、划距）为 2.5 米。

动作效果

游泳的动作效果是指一个完整动作使身体向前游进的距离，一般用"米/次"来表示。

由于动作效果反映的是动作的实效性，即游泳技术掌握的程度。技术掌握较好的人，一个完整动作游进的距离较长；技术掌握较差的人，一个完整动作游进的距离相应就短。因而，初学游泳时要掌握正确的游泳技术，首先就应特别注意提高动作效果，通常可以采用反复游一固定距离并计算动作次数的方法来检验自己的动作效果，次数越少，则效果越好。

由于游泳动作主要表现为手臂的划水，所以在技术分析时常把动作效果简称为划幅。划频和划幅是决定游进速度的两个重要因素。它们之间的关系可表示为：

$$V（速度）=R（划频）×L（划幅）$$

从理论上讲，无论提高划频还是提高划幅都有助于提高游进速度。而实际上，划频和划幅是相互联系、相互影响的。游泳时提高划频会相应缩短划幅，而提高划幅也会相应降低划频。因此，在游泳时单纯追求高划频或单纯追求长划幅都不利于提高游进速度。最大速度需要寻求划频与划幅的合理组合。

游泳阻力

游泳阻力属于游泳运动中流体力学的基本概念之一，指与人体在水中运动方向相反的作用力。主要有：①摩擦阻力。②形状阻力。指游动时人的不合理姿势、动作造成涡流和挡水面形成的阻力。③波浪阻力。

阻力（F）同截面（s）、运动速度（V_2）、水的密度（P）成正比，它还与特体形状（C）有关。以公式表示为 $F = sCV_2P$。

为提高游泳速度，应尽量减小阻力，如穿光滑衣裤、身体呈流线型、减少身体起伏、匀速游等；而推进时却要增大划臂和打腿的阻力，如增加划水和打腿的动作速度、高肘划水、掌心对水、蛙泳翻脚蹬水、曲线划水等，以使身体获得尽量大的反作用力。

游泳呼吸

游泳呼吸属于游泳基本技术之一。要求做到：①头部换气；②用嘴吸、鼻呼；③快吸、慢呼，或掌握吸－憋－呼的规律。

不同游泳姿势，具有不同的呼吸方式。蛙泳多采用正面抬头吸气，自由泳采用侧向转头吸气，仰泳脸部露出水面，呼吸方便自然。另外，任何泳式的呼吸，都要注意应与腿臂动作协调配合。

水中平衡

身体在水中呈水平姿势后，水平投影面小，阻力也随之减小。如人体重心和浮心重叠，则保持平衡；反之则下沉，失去平衡。

在现代游泳技术中，为使身体呈水平姿势，应合理利用打腿、划手的作用力和人体肌肉的控制力，使人体的重心和浮心接近，以维持游进中的水中平衡姿势。

出发时间

出发时间指的是出发信号发出后，运动员出发到达 15 米或 10 米处所用的时间。包括出发反应时间、出发动作时间、腾空时间和水下滑行時间。

出发时间是游泳比赛成绩的组成部分，是比赛全程技术的重要环节，其重要程度与比赛距离成反比，即距离越短出发时间越重要，距离越长其重要性越降低。出发时间也是评定运动员比赛技术的重要指标之一。

转身时间

转身时间是指运动员从转身前 7.5 米或 5 米到转身后 7.5 米（5 米）处所用的时间，包括游近池壁和转身后滑行的时间。

转身时间是评定运动员比赛技术的重要指标，也是全程比赛技术的重要环节之一。转身时间对短池比赛和中长距离项目比赛成绩影响较大。

匀速战术

均速战术是在比赛中用预定的速度持续不变地游完全程的战术。

均速战术能使人体的血管系统、呼吸系统和运动器官处于相对稳定的工作状态，可以减少由加速度而引起的能量消耗，还可促使运动员机体的能量代谢，有利于发挥运动员的运动潜力和技术水平。

两次配合

　　蛙泳腿、臂动作的配合技术之一，指1次划臂配合2次打腿动作。
　　摆臂入水时做第一次打腿，手臂划水时做第二次打腿，并配合1次呼吸。两次打腿之间身体呈波浪式起伏，形成其独特的技术风格。

手　型

　　游泳的手型是指划水时手的形状。
　　常见的游泳手型有五种。第一种，手指自然伸直、并拢；第二种，手指用力并拢；第三种，手指用力分开；第四种，手指弯曲呈勺型；第五种，手指并拢内收。其中第四、第五两种手型迎风面与漩涡区形成的压力差减小，水对手的支撑及作用力小，因此，这两种手型划水效果差。而第一种手型，手指自然伸直，指间保持2～5毫米距离（自然伸直并拢）最为合理，可取得良好的划水效果。

转　肩

　　游泳的转肩是指游泳时，以躯干中线为轴，肩部随同左右手臂的划水与移臂相互连接替换而呈现的周期性的起伏转动。自由泳、仰泳等以两臂轮番交替做绕肩抡臂的泳式尤为重要。在游动时，转肩有时会牵连到躯干呈左右规律晃动。

压 水

指仰泳打腿时的向下动作，大腿下压，使身体上浮，能促使髋部伸展，有助于提高身体位置和划臂动作，同时还可避免因过分抬头收腹而造成身体位置低沉的错误姿势。

压水时要求腿部伸直，大腿略加下压；髋部稍向上挺，使之接近于水面。

收 手

也称"收肘"，是蛙泳手臂划水技术组成部分。当两臂完成划水动作后，紧接着曲肘，使手臂收拢到胸前。

收手是上接划水、下连伸臂的衔接动作，可借助手臂的划水动作速度，使小臂和肘部同时收拢于胸前，紧接着两手向前伸展，要求快速、连贯，并尽可能减小水的阻力。

收　腿

指蛙泳中把大腿和小腿收到最有利于蹬水的位置，并尽量减小迎面阻力，为蹬夹水做好准备。

要求收腿时，动作放松，速度相对缓慢，以减小水的阻力。收腿时要边收边分。两腿由蹬水结束时的伸直并拢状态，随着缓慢的收腿而逐渐分开。收腿后，一般要求大腿与躯干成120°～140°角。

抱　水

也称"滑水"，是手臂划水技术的组成部分。手臂入水后，立即伸向前下方达到一定深度，同时屈腕、屈肘，手指并拢，使手和小臂成为划水的作用面，做好划水准备，也是手臂由入水到划水之间的连接过程。抱水主要用于自由泳、仰泳和蝶泳。

抱水动作正确，可使肩带和臂部肌肉得到瞬息放松，有利于积聚力量加速划水。

划　水

划水是指运用手臂在水中的合理动作来产生推进速度的技能。

划水是游泳的重点技术环节。根据不同姿势技术要求，手臂划水动作可归纳为：双臂同时对称划水，如蛙泳、蝶泳类；左右两臂轮流替换的重复同一划水动作，如自由泳、仰泳类，此外，还有左右两臂不对称的交替重复其各自划水动作，如侧泳。

拉　水

通常指自由泳、仰泳、蝶泳等泳式划水时，手臂处在肩部垂直面以前的开始用力阶段。

拉水与推水紧密衔接，构成整个划水动作，直接影响划水效果。要求保持抱水阶段的提肘姿态，使小臂和手掌形成较好的对水面，然后逐渐加速用力，进入推水阶段。

踢　水

也称"上鞭"。指仰泳时打腿的向上动作，由大腿发力，带动小腿向上踢打。要求脚掌内旋，足背击水略翻出水花，并连接向下的动作，两腿相互交替打水。和两臂动作协调配合，构成仰泳的技术动作。

翻　脚

翻脚是蛙泳腿部动作的组成部分。当收腿后，两脚向外侧翻展，使脚和小腿的内侧面对准蹬水方向形成有利的对水面，以提高蹬水效果翻脚。

翻脚是收腿与蹬腿之间的连续动作，直接影响蹬腿效果。

手臂入水

指划臂前，手臂从水面上移到肩前插入水中的过程。

手臂入水主要用于自由泳、仰泳和蝶泳，具体方法不尽相同。自由泳强调提肘、手臂稍曲，向同侧肩部与身体中线的前方伸出，按指、掌、腕、肘的顺序相继插入水中；蝶泳时两臂同时对称地摆向前面，直臂切入水中。

入水时两手的距离约与肩部同宽。各泳式的手臂入水动作均要求放松、协调、自然，并尽可能地减小阻力。

手臂出水

手臂出水是指当手臂划水结束后，通过提肩、提肘，将手臂提出水面。

除蛙泳外的其他泳式都有手臂出水动作。运用时应注意保持动作的连贯。要求动作轻快、连贯、放松。手臂出水后要迅速过渡到手臂的空中前移，以便进行下一个周期的动作。

长划臂

蛙泳时运动员必须俯卧在水里，使用水平的划水动作，脚和手在一个水平面一起运动。在出发入水之后和转身后，运动员在水下时可以做一次手臂充分向后划至腿部的动作，长划臂指的就是这样手臂充分向后划至腿部的动作。

伸 臂

指蛙泳在划水收手后，手臂由胸口向前伸展到开始位置，准备下一次划水的准备阶段，称为"伸臂"。

伸臂运动要求轻快放松。以减小阻力，同时与收肘动作相结合，即收肘的同时，两手前伸，伴随靠肘伸肩动作，使手臂充分前伸，有利于增加划水路线，提高游进速度。

移 臂

也称"空中移臂"，指手臂提出水面后，由后经空中向前移动，回复到原先入水状态的过程。

空中移臂在运用时，动作应放松，不能在空中停顿。自由泳、仰泳、蝶泳都有此动作，但方式各不相同。自由泳移臂方式有直臂、屈臂、半屈臂等，蝶泳两臂同时由两侧摆动前移，仰泳伸直手臂与水面成45°~90°角前移。要求移臂与手臂的出水动作紧密衔接，以肩和躯干的转动来带动移臂，同时要注意两臂动作放松、连贯、有节奏。

屈臂划水

指划水时，手臂的动作路线呈现有规律的弯曲形状。一般要求肘关节弯曲100°~120°，并稍提肘，使手掌和前臂形成最佳对水面，以增加划水动作的反作用力，从而获得较大的推进效果。

不同的泳式，手臂运动的轨迹呈现不同的曲线形式。如蛙泳手臂动作运动轨迹为"W"形，而自由泳、仰泳、蝶泳手臂则呈"S"形和双"S"形的轨迹。

合理的屈臂划水，可获得较大的升力和推进力，有利于提高身体位置、游进速度。反之，会延长划臂动作周期，造成力的分散，从而影响游进效果。

蹬　腿

又称"蹬水"，蛙泳腿部动作组成部分，是紧接收腿、翻脚后的动作。分宽蹬腿和窄蹬腿两种。前者两腿分开距离较宽，强调蹬夹动作；后者两腿分开距离较窄，直线向后蹬水。

蹬腿动作的路线、方向、速度和腿部的对水面以及爆发力都直接影响蹬水效果。

蹬夹动作

蹬夹动作是指蛙泳腿部动作组成部分，蹬夹动作是蹬腿技术的关键，具体是指脚掌呈向外、向后、向内依次作弧形鞭状的加速度伸展动作，形成边蹬边夹的连贯过程。动作结束时两腿并拢伸直，并缓慢上提大腿，呈流线型体位。

鞭打动作

自由泳、蝶泳腿部用力向下打水或仰泳向上踢水的瞬间动作，如同鞭打，故名。如自由泳、海豚泳的向下打水或仰泳向上踢水。鞭打动作要求动作具有弹力。

鞭打动作要求以大腿发力，带动小腿、膝、踝关节，由上而下、节节传递，使脚掌在瞬间爆发出鞭打力而造成升力和推动力。

海豚式打腿

首先解释一下打腿，打腿是指自由泳、仰泳和海豚泳在游动时，两腿不断地在水中上下打动，以推动游进、协调两臂动作、保持身体平稳。

自由泳两腿为交替爆发用力向下打动，向上动作放松，每划动两臂一次，则进行 6 次、4 次或 2 次打腿。

海豚式打腿是一种游泳姿势，俗称海豚踢。因为两腿的动作与海豚尾部动作相似而得名。每次海豚式打腿动作分为上打和下打两部分，每个动作周期打腿两次。国际泳联规定，参赛选手在每次转身时，在蛙泳腿之前只能使用一次"海豚式打腿"。

海豚式打腿与自由泳打腿有很相似的地方，都是鞭状打腿动作。当下打接近结束时，大腿为克服腿部自下而上的惯性，开始上打。下打的弹性使大腿开始上打。继续伸髋使腿部向上，上打结束时，开始下打。

上打是通过伸腿实现的，小腿应放松，处于被动状态，使其在水的自上而下的压力下保持伸直状态，水的压力也使放松的足部处于半伸半屈的自然状态。

当两脚上打过身体纵线之后大腿开始向下。水的自下而上的压力使小腿上屈，两脚内上转。当两脚接近水面时，小腿有力下打，直至完全伸直时为止。

海豚泳打腿动作较好的运动员下打开始时，两膝外分，下打结束时两膝并拢。下打时膝部外分。髋内转可增加下打力量。踝部柔韧性的好坏对海豚泳打腿动作是至关重要的。如踝部具备良好的柔韧性，脚背在下打的大部分时间内可朝向后方，可使水流向后流动。

浪状动作

浪状动作是海豚泳的基本动作，是指以躯干和两腿连同持续做有规律的上下起伏打水动作，形如波浪，起积极推进的效果。

浪状动作发力点高，由躯干带动腿部做上下鞭打动作，注意腹背发力，经大腿、小腿从上到下传递力量，直至足背击水而取得推进。可分为大波浪动作和小波浪动作。20世纪50年代海豚泳技术发展初期，身体在水中呈大幅度浮潜，称为"大波浪动作"。此后为加快划臂频率，提高速度，不断改进技术，减小游动的起伏，身体趋向平稳，称为"小波浪动作"。

靠肘伸肩

靠肘伸肩是指蛙泳划臂前伸技术。伸臂进，强调肩部积极向前伸展，两手并拢，两肘靠近。可调整人体在水中的迎角，提高身体位置；增加划臂动作幅度；也有助于在回臂过程中，减少迎面阻力，提高前进速度。

划水路线

划水路线是指手臂在水中为造成推进力的划水运动轨迹。

划水路线与手臂划水技术有关。根据物体运动中的力偶会造成转动的原理，游泳时手臂划水产生最大推进力的动作阶段，手掌小臂应合理靠近躯干，可以减少分力，保持直线游动。

蛙泳中手臂始终在水中划动，其划水路线为W形；自由泳、仰泳和蝶泳中为S形和双S形。虽然各种泳式划水动作不同，但其划水路线也不同，但基本上都是曲线。合理的曲线划水能有效地提高身体位置和游进速度。

划水效果

也称"实效技术",指每次划水动作(包括蹬水动作)使身体游进的距离,单位为米/次。

划水效果是运动质量的标志。在动作频率相同的情况下,划水效果好,则游速快。

对水面

也称"动作作用面",指手臂划水和脚蹬水、打水动作中直接对水施加作用力并承受水的反作用力的肢体部位。用手掌和小臂划水、用小腿内侧和脚来蹬水,或用小腿外侧和脚背打水,在同等速度的条件下,肢体在有效动作阶段中对水面的面积越大,所产生的支撑反作用力也越大。

平板型

游泳运动身体姿势的一种。指自由泳时头、颈、躯干、腿伸展,平俯水面,形如平板,故名。平板型多被用在中长距离自由泳与现代仰泳中。

平板型技术使身体平展，腹背肌不必用力控制躯干姿势，全身比较放松，腿臂动作自然，构成人体在水中游进的合理流线型。

早吸气

指在爬泳、蛙泳、蝶泳等姿势中，手臂在入水或刚开始划水的动作阶段就转头（或抬头）、吸气，或手臂处在肩部垂直面之前时吸气。如平航式蛙泳，两手开始划水就抬头吸气。采用这种呼吸方式，可能会造成游动中身体位置不稳定，出现过分的上下起伏、左右扭动或头高腿沉等现象，因而影响划水动作的效果。

晚吸气

自由泳、蛙泳、蝶泳等姿势中，手臂处在划水的后阶段或动作即将结束时才抬头（或转头）吸气。采用这种技术，要求在水中适当屏息或延长呼气时间，并掌握时机进行短促而充分的吸气。

晚吸气的呼吸特点与通常的游泳呼吸略有不同，主要是"吸—憋—呼"，过程中的憋气长、吸气猛。采用这种呼吸方式，可以延长有效划水路线，提高动作效果，避免因过早吸气而造成身体过分扭动或起伏，对提高游进速度有积极作用。

推进力

指游泳时运用腿臂动作的反作用而使身体在水中游进的力。

推进力的大小取决于手和脚的对水面积和对水状况、动作的速度（爆发力）、屈臂曲线划水的方向和路线和合理的手型等。

平式入水

指运动员蹬离出发台后，身体平展，躯干入水时角度小，水下滑行较浅的入水方式。

平式入水有利于及时起游，在自由泳短距离项目中常被采用。要求运动员向前上方跃起时，借助摆臂和挺身动作，使人体在腾空阶段充分伸展，使手臂、躯干和腿部成一直线，接着随重心沿抛物线下落，身体各部位依次比较平展地进入水中。

调式入水

也称一点入水。因入水时身体接触水面的范围很小，似进入"调"中，故名。

运动员蹬离出发台后，先充分伸直身体，然后再稍收髋折体，改变平展的姿势，依次按手臂、头、躯干、腿的顺序进入水面。这一方式可使入水阻力减小。

自由泳接力

自由泳接力是指每队 4 位运动员，每人可采用任何姿势游进，4 人按先后顺序各游完全程的 1/4 距离，前一运动员游完规定距离触及池壁，后一运动员方可跳离出发台出发，否则判作犯规。运动员出发过早，重新返回并以身体任何部分触及池壁再游出，一队中有任一人犯规则全队算犯规，以 4 人游完全程的时间计成绩。现在比赛项目有男子 4 × 100 米、男子 4 × 200 米和女子 4 × 100 米。

混合游泳

混合游泳是指每队 4 名运动员按照仰泳、蛙泳、蝶泳、自由泳的顺序，每人用一种姿势游完全程的 1/4 距离，各泳式技术（包括出发和转身）都按照本泳式的规则要求进行。自由泳不能为仰泳、蛙泳及蝶泳中的任一姿势。若一人犯规，即算其所在队全队犯规。以 4 人游完全程的总时间计成绩。

我国在 1957 年就开展混合游泳的比赛。1960 年第 17 届奥运会正式将其列为比赛项目，比赛项目有男、女 4 × 100 米。

平航式蛙泳

平航式蛙泳因游进时整个身体位置较平稳而得名。其特点是：蹬水路线较宽。蹬夹紧密结合；划水路线较长，发挥充分；抬头吸气时头部起伏不大，不影响身体姿势；腿臂配合紧凑，动作连贯、协调。

高航式蛙泳

高航式蛙泳是因游进时身体位置较高而得名，是平航式蛙泳的派生技术。游进时，上体擎起，蹬腿稍偏下方，手臂划水幅度小而浅，在蹬腿后的滑行中吸气。

高航式蛙泳技术主要依靠蹬腿动作获得推进力，适用于腿力强而臂力差的运动员。1957 年，我国运动员戚烈支曾用这种姿式以 1 分 11 秒 6 的成绩打破男子 100 米蛙泳世界纪录。现代蛙泳很重视手臂的划水作用，因此，这种技术已日趋少见。

半高航式蛙泳

半高航式蛙泳是由平航式蛙泳派生出来的游泳方式。蹬腿方向比平航式略高，但比高航式略低，划水路线、呼吸时间和身体位置均介于平航式与高航式蛙泳之间，在技术上兼取两者之长，既强调蹬腿效果，又重视划臂的作用。

两臂动作配合

游泳的两臂动作配合是指左右手臂在水中划动的连接和协同。上肢带划水技术是产生推进的主要动力，其动作配合的协调性及用力技巧性是获取推进力的关键。

在竞技游泳中，手臂划水可分为两臂同时对称划水与左右臂轮流交替划水两类。

完整动作配合

完整动作配合简称"完整配合"，是指游泳时由腿、臂、呼吸等基本动作，按照本泳式的动作方式、顺序、要求和节奏，组合成为符合规范的、协调的、周期性的技术。

完整配合既要求局部基本动作正确合理，更强调整体动作组合的连贯性和节奏性，表现出动作用力与放松的节律交替，达到节省体能、发挥速度、保持匀速游动的效果。

各种游泳姿势都有其动作配合方式：蛙泳为 1 次蹬腿配合 1 次划臂和 1 次呼吸；海豚泳为 2 次打腿配合 1 次划臂和 1 次呼吸；仰泳、自由泳为 6 次打腿配合 2 次划臂和 1 次呼吸（自由泳也有 4 次或 2 次打腿配合 2 次划臂的）。完整动作配合的协调性直接影响游进速度。

单芭蕾腿

花样游泳规定动作之一。动作过程是：仰浮屈膝，呈芭蕾腿姿势，再仰浮屈膝，呈仰浮姿势结束。动作代号为101，难度系数为1.5。

双芭蕾腿

花样游泳规定动作之一。从仰浮姿势开始，两腿并拢，双膝同时收向胸前，直到大腿与水面垂直；膝关节伸直，两腿垂直于水面；然后垂直屈膝，伸直双腿，呈仰浮姿势结束。

在整个过程中，脸要始终露出水面。动作代号为110，难度系数为1.8。

朱鹭式

花样游泳规定动作之一。从仰浮姿势开始，经仰浮屈膝呈单芭蕾腿姿势。保持此姿势身体向后翻转呈鹤立姿势，水面位于垂直腿的踝、髋之间保持此高度，接着水平腿抬起与垂直腿并拢，呈垂直姿势没入水中结束。动作代号为112，难度系数为1.6。

芭蕾举腿

花样游泳基本动作之一，指仰浮姿势变换成芭蕾腿的过程，人体呈仰浮姿势，一腿屈膝沿着另一腿的内侧滑动，收至大腿与水面垂直，膝部伸直，使该腿与水面垂直，要求人体充分伸展，后脑部和两肩用力下压。挺胸、挺髋，两臂位于体侧做划水动作。

双芭蕾腿姿势

花样游泳基本姿势之一。头和躯干呈一直线，腿尖绷直，两腿并拢与水面垂直，腿与躯干尽可能成 90 度角，脸在水面上，两臂位于髋侧做摇撸式划水动作。

双芭蕾腿姿势对上肢、下肢、躯干的力量素质及控制能力要求较高。

垂直姿势

花样游泳基本姿势之一。全身伸展，头在下，脚在上，两腿并拢，脚尖绷直，躯干与下肢肌肉保持适度紧张，头、髋、踝呈一直线与水面垂直；两臂弯曲呈直角，前臂和手掌呈一直线，手心向下，做从里到外和从外到里的支撑划水动作。

划水时，大臂尽可能固定不动，用手指尖带动手臂和小臂来回移动。向内划时，拇指侧稍向下；向外划时小指侧稍向下。此姿势是规定动作的重要环节之一。

埃菲尔塔式

花样游泳规定动作之一。从仰浮姿势开始，经仰浮屈膝呈单芭蕾腿姿势，保持此姿势，头和身体侧向滚动，带动芭蕾腿转向对侧水面，芭蕾腿沿水面划弧与非芭蕾腿并拢时，躯干向下移动并转体呈前屈体姿势。

非芭蕾腿举起与水面垂直呈鹤立姿势，保持此高度，芭蕾腿举起，与非芭蕾腿靠拢呈垂直姿势；身体逐渐下沉，直至双脚没入水中结束。动作代号为125，难度系数为1.7。

埃菲尔步式

花样游泳规定动作之一。从仰浮姿势开始，经仰浮屈膝呈单芭蕾腿姿势，保持此姿势，头和身体侧向滚动，带动芭蕾腿转向对侧水面，芭蕾腿沿水面划弧与非芭蕾腿并拢时，躯干向下移动并转体呈前屈体姿势。

非芭蕾腿举起在水面上划弧呈劈叉姿势，芭蕾腿做同样动作与非芭蕾腿并拢，做脚向移动，躯干逐渐上浮结束。动作代号为128，难度系数为1.7。

动作代号

动作代号是花样游泳动作类别的编号数。它位于《花样游泳动作分类表》的首列，每个运动代号均为三位数，有的附加一个英文字母。从左至右，第一位数代表动作类别，共四类。第二位数、第三位数代表动作类别中的系列号数。

英文字母 A、B、C、D……分别代表转体半周、一周、急转、旋转180度等。动作代号可简化动作名称，并让运动员明确所应做的是哪类动作。

自选动作

花样游泳比赛中根据规则所规定的时间及编排要求，由各人自己选择并组合的成套动作。比赛分为单人、双人、集体（4~8 人）三项。

比赛中，运动员在音乐伴奏下，通过各种游进方式、腿臂动作组合、造型、托举等，显示力量、速度、耐力、柔韧性、灵活性以及艺术修养等多方面的才能。单人、双人、集体的自选动作时间限制分别为 3 分钟 30 秒、4 分钟、5 分钟（包括陆上动作 20 秒）。

规定动作

花样游泳比赛中必须完成的动作。每隔 4 年，由国际业余游泳联合会花样游泳技术委员会确定并公布一次。分为六组，每组规定动作的难度系数总和相同。比赛之前经竞委会抽签确定此项比赛的全体参赛运动员做哪一组动作。

规定动作比赛是单人基本技术的较量，不需要音乐伴奏。动作要求缓慢、匀速、高位、有控制力。

转　体

花样游泳基本动作之一。分慢转、急转两种，是以垂直、屈膝、鹤立等姿势在同一高度转动。

转动时，头、躯干和垂直腿必须保持在同一垂直面上，水面位于垂直腿的髋和踝之间。转体半周或转体一周。

身体转动时的划水方法与垂直姿势的方法近似，只是手向外侧划水时，小臂外旋角度加大。此动作是花样游泳技术的重要内容之一。

难度和难度系数

　　指运动员在水中完成单个或整套动作的难易程度。规定动作根据其动作难易有明确规定的难度系数。自选动作则由裁判员根据动作的难易程度和较难动作的数量判断全套动作的难度。

　　难度体现在整套动作之中，划水、倒立、腿的组合、推进力、衔接、造型、变化等都显示难度。一般来说，身体露出水面越多，动作越难。此外，游泳中突然转体换位方向、倒立转体和腿的各种动作变化、有控制的倒立上升和下沉、多周旋转、顶起和托举、跃起、长时间的倒立憋气、快速游动、队形变化等，动作要求均较高，难度较大，能显示运动员的良好素质。

　　难度系数是规定动作复杂程度的标志。由国际业余游泳联合会花样游泳技术委员会确定，难度系数最低为 1.1，最高为 2.3。按规定，每个参赛运动员所做的 6 个规定动作中，必须有 3 个难度系数不超过 1.8，其余 3 个动作难度系数为 1.9 或 1.9 以上，6 个规定动作的平均难度系数不超过 1.9。

PART 6　游泳训练

游泳是一项讲究科学性的运动，运动涉及到人体学、物理学等知识体系，了解必要的基本运动训练知识有着重要的现实意义，对于游泳运动员来说，了解并遵循这些运动规律进行有目的地练习，可以更好地进行训练，增强运动效果。对于观众来说，了解这些知识，可以进一步熟悉了解游泳运动，更好地参与到这项运动中来。

力量训练

力量是游泳运动中的主要身体素质之一，重视力量是现代游泳训练的显著特点，陆上和水上力量训练已成为游泳训练的重要内容之一。

游泳时，手臂与腿对水的作用过程和肌肉收缩具有等动性质，肌肉收缩的支撑点也各不相同。手臂划水和蛙泳蹬腿主要是以远端支撑为主的运动，而打腿动作则是以近端支撑为主的运动。

在进行力量训练时，重点应放在发展原动肌（起主要作用的肌肉）的力量和力量耐力上。原动肌是指在游泳中参与产生推进身体前进的动力而做功的肌肉群。

在力量训练中影响力量训练效果的因素包括两个方面：第一，生理因素，是从肌肉生理特点出发，通过训练"改造"，使肌肉收缩处于理想状态，有利于增大和发挥肌肉力量；第二，练习因素，是从训练学角度，研究刺激方式、强度、时间等练习因素的变化、组合，最大限度地提高力量训练效果。

游泳的力量训练，可分为一般训练和专项训练。

一般力量训练主要是通过陆上各种举重练习，提高游泳运动员的一般力量水平。一般力量训练应围绕游泳运动特点，发展符合专项要求、有助于专项力量训练水平提高的肌肉力量。

游泳一般力量训练要在动作方式、重量、重复次数与组数等练习因素的选择上，着眼于游泳技术动作和各环节技术对力量的要求。游泳常用的一般力量训练方法有杠铃练习、哑铃练习、实心球练习、克服体重练习等，统称负重练习法。

杠铃练习要针对发展游泳专项工作肌群的力量，设计和选用练习方法、练习姿势。游泳力量训练常采用的杠铃练习方法有：提铃下蹲、卧推、俯卧提铃、屈前臂、头上屈伸前臂、手腕屈伸、体后提铃、负重下蹲等方法。

哑铃练习是发展小肌群力量的有效练习方法。练习方法有模仿杠铃动作，也有根据哑铃的特点发展游泳专项肌群（大小肌群）的力量，如两手持铃侧平举，发展三角肌力量；两手持铃俯卧平举，发展背部肌群力量；两手持铃仰卧平举，发展胸部肌群力量等。

徒手力量练习是利用自身体重发展力量，其特点是练习方便，对场地器材要求不高，利用人体环节运动的半径变化，调控阻力臂，改变力量训练的负重量，也可附加器械重量提高力量训练负荷。这类练习主要有上肢类力量练习，如引体向上、俯卧撑等；下肢类力量练习，如各种跳跃、跑等练习；腰腹肌类力量练习，如仰卧起坐、悬垂举腿、背屈等练习。这类练习最适合少年儿童早期的力量练习。

实心球练习方法是游泳运动员通过各种传、抛、推球等动作练习，发展全身肌肉力量和动作速度，同时增强反应能力，使肌肉更适合于游泳，而且还能提高发展力量所必需的控制身体的能力。

实心球练习方法分为两类：一类为基本练习，由一般性的传、抛和推球动作组成；另一类为结合游泳专项动作而设计的一些传、抛、推球练习。

游泳运动员的专项力量训练，分陆上和水上力量训练两大类。

陆上专项力量训练常用橡皮筋拉力、滑轮拉力、弹簧杠杆拉力等陆上拉力力量训练，其动作与游泳四种姿势的划水动作紧密结合，身体姿势可采用直立、坐、卧三种姿势。

陆上拉力力量训练主要发展专项的最大力量、快速力量和力量耐力。最大力量拉力训练提高了肌肉收缩的刺激强度，动员了更多的肌纤维参与工作，是 50～100 米短距离游泳主要力量训练内容，同时对强化正确动作也极其有利。由于最大力量拉力训练的牵引力较大，所以拉力练习过程中固定好身体位置和姿势不容忽视，除克服身体体重的滑轮板练习时身体可平卧滑板上外，其他拉力练习都应采用坐或站立的身体姿势。

一般来说，优秀运动员能拉自己体重的 15%～20%，男子约 18 千克，女子约 13 千克。短距离、中距离项目运动员一组 20～30 次，长距离项目运动员要坚持拉 1 分钟。这种最大力量拉力训练能有效地提高肌肉力量和肌肉力量耐力，提高 100 米和 200 米的运动成绩，但要注意的是最大力量拉力训练对少年儿童不宜采用。

快速力量拉力训练，强调动作速度。拉力负荷为自己体重的 10% 左右，优秀运动员约拉 10 千克左右，动作速度要接近或稍快于比赛动作频率，自由泳、仰泳 10 个动作 4～6 秒，蝶泳、蛙泳 5 个动作 4～6 秒。每次拉的次数与专项距离的动作次数基本一致，50 米 20～25 次，100 米 45～50 次。除用动作次数控制外，也可用时间控制，如在规定的时间内拉多少次。时间的选择一般在 30 秒至 2 分钟之内。

力量耐力拉力训练，以动作次数多或持续时间长作为评价指标，负荷量为 4～8 千克，一般要求每次拉 100～300 次或持续拉 5～20 分钟。

长时间多次的拉力训练要强调动作正确规范，保持动作幅度，动作放松。

水上专项力量能最直接增大游泳推进力。水上专项力量训练的最大特点是：运动员在游进过程或做具体的游泳动作中，克服人为增加的阻力。

水上力量训练的优越性体现在三方面：第一，在具体的专项技术动作（主要指产生推进力的手、腿动作）练习中，直接（划水掌）或间接地（阻力衣）施加阻力负荷，增强力量训练效果，使产生的牵引力加大；第二，在专项运动中（完整配合或分解动作），发展力量有利于改善专项肌肉力量的供能系统，提高供能速率；第三，增加动作负荷，强化了技术动作，从而提高了技术水平。

水上专项力量训练的方法与手段较多，根据力量负荷形式，可分为增大推进力练习、增大阻力练习和增加练习难度练习。

增大推进力练习，主要通过增大划臂或打腿动作的对水面，使阻力增大，提高划水力量。此类练习主要有划水掌、脚蹼等力量训练手段。划水掌、脚蹼的大小，动作幅度、动作速度和游泳速度及持续时间构成了力量训练负荷的因素。增大推进力练习主要发展划臂、打腿的绝对力量，以提高克服阻力的动作速度。

增大阻力练习，主要通过增加游进阻力，或改变体位使划水和打腿负荷增大，达到力量训练的效果，如穿阻力衣、牵拉游、夹板划臂等。游进阻力的大小、持续时间的长短、动作速度的快慢、动作幅度的大小都影响力量训练的负荷。增大阻力练习主要通过提高动作速度来发展速度力量，而保持划水效果是其基本要求。

水上力量训练应同水上训练方法结合起来，使发展肌肉力量和发展专项供能系统同步进行，以提高训练效果。

速度训练

速度是建立在力量基础上的，但力量训练和速度训练并不等同。

游泳速度的训练与游泳技术的训练是紧密结合在一起的，游泳速度的训练重点是游进速度的训练。

短冲训练

短冲距离以发展游泳的绝对速度为目的。发展绝对速度可采用快速打腿、划臂训练，快速的技术分解练习，强化了局部动作的快速力量和动作速度，是快速配合游的保证。

牵引训练

是指人在附加外力（牵力）诱导下，最大限度地提高动作速度，使游进速度得到突破，达到预定的目标，获得新的速度感。注意牵引训练的距离不超过 50 米，而且练习速度应控制在比本人最高速度快 10% ~ 20% 的范围。

动作频率训练

在保持动作效果的前提下，动作频率的快慢就决定了速度。因此，动作频率训练是游泳速度训练的重要手段。

动作频率训练要强调不影响划水效果，否则加快动作频率便失去意义。动作频率训练常采用两种方法，即最佳频率训练和频率节奏训练。

动作频率不是越快越好，过快的动作频率必然以降低划水效果为代价，这反而会使速度下降。在速度训练中，要处理好划频、划距、速度三者的关系，找到三者最佳组合。

合理的动作频率节奏，对体力分配、保持速度起重要作用。因此，要处理好动作频率节奏。

动作速度训练

游泳的动作速度主要体现在出发起跳、转身技术动作上。游泳动作速度训练与提高技术水平紧密联系在一起。

在出发动作速度训练上，出发的快慢决定于反应速度和起跳的动作速度。出发快不能脱离出发效果这个前提，因此，游泳出发技术评定通常用听出发信号游到 10 米或 15 米处的时间作为评定指标。出发速度训练的主要方法有听不同信号出发反应、出发起跳滑行、完整出发技术练习等。

转身动作速度训练包括游近池壁、转身、蹬壁滑行三部分。以转身前 7.5 米至转身后 7.5 米，共 15 米的时间作为评价转身技术质量的指标。转身速度训练采用专门转身动作训练和综合转身动作训练。前者是专门练习转身技术动作的速度，如距离池壁 10 米处练习转身，通过反复练习以提高转身动作速度。后者是指在 25 米池中的游泳训练，转身多，并且需要在游进过程中作出正确的转身动作的判断，以提高转身速度和质量。

耐力训练

游泳耐力训练分一般耐力训练和专项耐力训练。

一般耐力是游泳运动员的重要素质之一。少年儿童时期是有氧训练的最佳阶段，耐力训练水平的发展是这一时期的主要任务。少年儿童生长发育特点决定了在这一时期发展有氧能力，对提高心血管系统机能和呼吸系统功能十分有利，也为以后发展有氧能力和无氧能力打下了良好的基础。

另外，耐力训练是一项艰苦的工作，运动员的意志品质和顽强拼搏的精神影响耐力训练效果。相反，通过耐力训练也可以磨炼运动员的意志，提高心理素质。

一般耐力训练方法通常采用一般有氧训练、无氧阈训练和最大吸氧量训练。

为提高有氧基础能力，提高一般耐力训练水平，通常采用持续游、变速游、慢速间歇游等训练形式。

无氧阈训练是有氧训练的主要手段。由于运动员有氧训练水平和身体机能上的差别，无氧阈水平不完全相同。在训练实践中，主要以个体乳酸阈水平控制训练强度。无氧阈训练心率水平在 140～180 次/分之间，以间歇训练方法为主。

最大吸氧量训练是发展有氧训练最好的训练。

需要注意的是，发展一般耐力训练要与培养运动员的意志品质结合；少年儿童一般耐力发展水平应与其生长发育水平相适应；在发展不同专项运动员一般耐力时，必须区别对待。训练时要具体情况具体分析，要有针对性和灵活性。

专项耐力是一种维持高速度运动的能力。进行游泳速度耐力训练时，应有区别地针对不同速度耐力的供能特征，选择训练手段与方法，发展游泳专项速度耐力。

发展专项耐力的方法通常主要采用间歇训练法和重复训练法。在训练中，训练负荷强度、数量、重复次数、间歇时间、距离等练习因素的合理选择和安排是十分重要的，直接影响训练效果，因此一定要处理好。

柔韧性和关节灵活性训练

柔韧性和关节灵活性对游泳运动有着特殊的作用，不仅影响完成动作的幅度，还影响着完成动作的效果。因此，发展专项柔韧性和关节灵活性是游泳训练的重要组成部分。

肩关节柔韧性和灵活性影响游泳手臂动作质量。踝关节跖屈和脚掌外翻的程度，直接影响腿动作效果。由此可见，游泳的专项柔韧性，影响动作的幅度、动作的效果，也就影响游进的速度。游泳专项柔韧素质的发挥受动作紧张程度的影响，如打腿动作，即便是用力也是通过鞭状动作完成的。鞭状动作最大特点就是要求各关节动作放松，产生力的传导、加速，使末端脚掌产生最大的加速度，并形成良好的对水动作面（保持鞭状运动动作幅度），这就对踝关节柔韧性和灵活性提出了更高的要求。

增强柔韧性方法的特点是在完成动作过程中，动作幅度达到个人的极限程度，肌肉和韧带被尽可能拉长到最大限度。柔韧性练习有两种，即动力性和静力性。动力性拉长：指在活动中拉长肌肉、韧带的方法。静力性拉长：指在定位中拉长肌肉、韧带的方法。发展柔韧性练习的方法有主动练习法与被动练习法。

主动练习法是运动员自己进行练习的一种方法，被动练习法是运动员在同伴帮助下进行的一种练习方法。

以上的练习形式和方法，可运用于各种柔韧性练习，根据练习要求，既可单独运用，也可组合运用，如主动与被动相结合，能较大地提高练习质量与效果。

关节灵活性与关节柔韧性是紧密联系的，但又不能相互代替。关节柔韧性虽然增加了关节活动幅度，但不能解决关节灵活性问题。关节灵活性不仅取决于髋关节肌群韧带的伸展程度，而且取决于关节活动时参与工作肌群的紧张与放松的协调一致，以及关节活动的频率，即关节活动频率高，关节灵活性就好。游泳运动对关节灵活性的要求是全身性的，但就运动特点而言，对肩、踝、膝、腰关节的灵活性要求更高。

发展关节灵活性要与发展关节柔韧性结合，充分利用关节柔韧性的优势，增加关节活动范围，提高关节活动的灵巧性。关节灵活性练习主要包括关节转动、旋转、摆动、绕环等动作，而游泳专项关节灵活性练习应着重发展肩、膝、踝、脊柱和髋关节的灵活性。通过改变练习因素，如速度、频率、幅度、方向等手段，提高关节活动的强度和频度。

PART 7 竞赛规则

　　游泳运动经历了一百多年的发展，期间改革不断，创新不断，各项竞赛规则得到了不断完善，越来越趋向合理化和时代化。了解并熟知各项泳姿的竞赛规则是观看比赛的重要前提，更是每个游泳运动员必备的要求。

仰泳规则

　　（1）在出发信号发出前，运动员面对出发端，两手抓住握手器，两脚（包括脚趾）应处于水面下。

　　（2）出发和转身后，运动员应蹬离池壁，除在做转身动作外，运动员在整个游进过程中应始终呈仰卧姿势。仰卧姿势允许身体做转动动作，但必须保持与水平面小于 90 度的仰卧姿势。头部位置不受这个限制。

　　（3）在整个游进过程中，运动员身体的某一部分必须露出水面。在转身过程中，允许运动员完全潜入水中。但在出发和每次转身后，运动员潜泳距离不得超过 15 米，在 15 米前运动员的头必须露出水面。

　　（4）在转身过程中，当运动员肩的转动超过垂面后，可进行 1 次单臂划水或双臂同时划水动作，并在该动作结束前开始滚翻。一旦改变仰卧姿势，就必须做连续转身动作。任何打水或划水动作必须是连续转身动作的一部分。运动员必须呈仰卧姿势蹬离池壁。转身时运动员身体的某一部分必须触壁。

（5）运动员在到达终点时，必须以仰卧姿势触壁。触壁时允许身体潜入水中。

蛙泳规则

（1）出发和每次转身后，从第 1 次手臂动作开始，身体应保持俯卧姿势，任何时候均不允许呈仰卧姿势。

（2）两臂和两腿的所有动作都应同时并在同一水平面上进行，不得有交替动作。

（3）两手应同时在水面、水下或水上由胸前伸出，并在水面或水下向后划水。除转身前最后一个动作、转身过程中和终止触壁前的最后一个动作外，在手臂的完整动作中，两肘不得露出水面。除出发和每次转身后的第 1 次划水动作外，两手向后划水均不得超过臀线。

（4）在蹬腿过程中，两腿必须做外翻动作，不允许做剪夹、上下交替打水或向下的海豚式打水动作。只要不做向下的海豚式打腿动作，允许两脚露出水面。

（5）在每次转身和到达终点时，两手应在水面、水上或水下同时触壁，触壁前的最后 1 次划水动作结束后，头可以潜入水中，但在触壁前的一个完整或不完整的配合动作中，头的某一部分应露出水面。

（6）在每个以一次划臂和一次蹬腿顺序完成的完整动作周期内，运动员头的某一部分应露出水面。只有在出发和每次转身后，运动员可在全身没入水中时，做 1 次手臂充分的向后划至腿部的动作和 1 次蹬腿动作，但在第二次划臂至最宽点并在两手向内划水时，头必须露出水面。

蝶泳规则

（1）从出发和每次转身后的第一次手臂动作开始，身体应保持俯卧姿势，允许水下侧打腿。任何时候都不允许转成仰卧姿势。

（2）两臂必须在水面上同时向前摆动，并同时在水下向后划水。

（3）所有腿部的上下打水动作必须同时进行。两腿或两脚可不在同一水平面上，但是允许有交替动作，不允许蹬蛙泳腿。

（4）在每次转身和到达终点时，两手应在水面、水上或水下同时触壁。

（5）在出发和每次转身后，允许运动员在水下做1次或多次打水动作和1次划水动作，这次划水动作必须使身体升到水面。在整个游程中，运动员身体的一部分必须露出水面。允许在出发和每次转身后潜泳，距离不得超过15米，在15米前运动员的头必须露出水面。运动员必须使身体保持在水面上，直至下次转身或到达终点。

自由泳规则

（1）自由泳比赛中，可采用任何泳式。但在个人混合泳及混合泳接力赛中，自由泳是指除蝶、仰、蛙泳以外的泳式。

（2）转身和到达终点时，可用身体任何部分触及池壁。

（3）在整个游程中，运动员身体的一部分必须露出水面，在转身过程中允许运动员完全潜入水中，但在出发和每次转身后潜泳距离不得超过15米，在15米前运动员的头必须露出水面。

混合泳规则

（1）个人混合泳须按照下列顺序进行比赛：

①蝶泳；②仰泳；③蛙泳；④自由泳。

（2）混合泳接力须按照下列顺序进行比赛：

①仰泳；②蝶泳；③蛙泳；④自由泳。

（3）在个人混合泳和混合泳接力项目的比赛中，每一泳式都必须符合竞赛规则的有关规定。在仰泳转蛙泳过程中，运动员必须呈仰泳姿势触及池壁。

花样游泳规则

花样游泳是在音乐的配合下，于水中做出各种优美的舞姿、高雅的技巧及流畅式样的水上运动，也称"同步游泳"、"艺术游泳"、"水上芭蕾"。它是现代体育与艺术结合的新兴项目。按规则要求进行规定动作与自选动作比赛。规定动作要求速度均匀、缓慢、高位并有控制力，自选动作要求动作流畅、新颖，并富有力度和艺术感染力，人与音乐之间及人与人之间配合默契、同步一致，并能充分利用水域，在水面上显示各种队形变化及立体与平面造型。

在奥运会、世界锦标赛、洲际比赛及国际泳联组织的比赛中，每个国家或协会只能参加1个单人、1个双人、1个集体项目和1个自由组合项目的花样游泳比赛。比赛有规定动作、技术自选和自由自选比赛，奥运会只进行技术自选和自由自选比赛。

规定动作比赛没有预赛，只进行一次比赛。技术自选、自由自选和自由组合比赛，如果参赛队伍超过 12 个队时将要进行预赛，最后选出前 12 名参加决赛。在集体项目比赛中，每队由 8 名正式运动员和 2 名替补运动员组成，其报名人数最多不能超过 10 人。在自由组合项目比赛中，每队由 10 名正式运动员和 2 名替补运动员组成，其报名人数最多不能超过 12 人。比赛顺序由抽签决定，抽签仪式在第一部分比赛开始前的 18～72 小时前公开举行。决赛出场顺序也由抽签决定，总分 1～6 名抽 7～12 号的出场顺序，总分 7～12 名抽 1～6 号的出场顺序。

另外，集体项目每队最少 4 人，最多 8 人（奥运会比赛规定必须 8 人）。每减少 1 人则在总分中扣除 0.5 分。

自由自选和自由组合比赛在音乐的选择、内容和编排方面没有严格的限制。奥运会比赛的规定是：单人自由自选比赛要求时间为 3 分钟，双人自由自选比赛要求时间为 3 分 30 秒，集体自由自选比赛要求时间是 4 分钟，自由组合比赛要求时间为 5 分钟，时间误差 ±15 秒。技术自选和自由自选比赛的时间限制包括 10 秒钟的岸上动作。

技术自选比赛在内容的选择和顺序方面有严格的限制。比如，在单人、双人和集体技术自选比赛中必须根据规定的动作、顺序和要求完成比赛，单人技术自选要求时间为 2 分钟、双人技术自选的规定时间为 2 分 20 秒、集体技术自选的规定时间为 2 分 50 秒，时间误差 ±15 秒。

如果比赛由技术自选和自由自选两部分组成，总成绩是技术自选占 50%、自由自选占 50%；如果比赛为规定动作和自由自选两部分组成，总成绩是规定动作占 50%、自由自选占 50%；如果比赛为规定动作、技术自选和自由自选三部分组成，总成绩是规定动作占 25%、技术自选占 25%、自由自选占 50%。

PART 8 器材设施

竞技运动离不开比赛器材设施，科学的器材设施对于运动的顺利开展和运动员水平的发挥有着直接的关系，此外，现代化的科学设施器材也是现代化文明赛事的重要体现。通常国际性赛事的设施器材都有着严格的规定和要求，这也是举办一次现代化运动赛事的必要前提。

游泳池

游泳池可分为竞赛用的标准游泳池和用于训练、教学以及娱乐活动的普通游泳池。标准游泳池和普通游泳池在规格、技术要求、附属设施等均存在区别。

竞赛用标准游泳池通常有下列要求：

（1）应长 50 米（短池池长为 25 米），误差范围为 0 ~ 0.03 米。两端池壁自水面上 30 厘米至水下 80 厘米的范围内，必须符合此要求。安装自动计时装置触壁板后，误差也不得超出此范围。以上规格必须经由国家承认的测绘单位测量并提供书面证明。

（2）宽 21 米或 25 米。奥运会和世界游泳锦标赛的池宽为 25 米。

（3）水面至水底应超过 2 米，两端池壁必须垂直平行。两端自水面上 30 厘米至水面下 80 厘米的池壁必须结实、平整、防滑。游泳池和跳水池之间至少应相隔 5 米。

（4）在离水面下至少 1.2 米的池壁上设休息台，台面宽为 10～15 厘米。池的四壁可以设水槽（池的两端如设水槽，应按规定在水面上 30 厘米处留有安装触板的地方，必须有铁栅或挡板遮盖水槽），水槽必须有调节阀以保证池内正常水位。

（5）池水水温要保持在 25～28 摄氏度，室外游泳池水温不得低于 25 摄氏度，要求池水达到使运动员能看清池底和池端标志线的清晰程度。

（6）比赛时，池水必须保持正常水位，而且水面要保持平稳。如采用循环换水，池水不得有明显的流动和旋涡。

比赛用标准游泳池

（7）整个游泳池的灯光照度不得少于 1500 勒克司（照度单位）。

泳道、 分道线及池底标志线

泳道

泳道即用分道线分割成的道。游泳池内设 8 条泳道，由 9 条分道线构成，每条泳道宽 2.50 米。第 1、9 道分道线距池边至少 0.50 米或 2.50 米。

泳道有三个作用，一是为了运动员在训练或比赛时不会相互干扰；二是增加游泳池利用率；三是减慢水流的速度。

分道线

分道线也叫水线，是用于泳池内运动员训练、比赛时铺的水面分道线。分道线必须拉至泳池两端。固定分道线的挂钩应安装在池壁内。分道线由直径 5 ~ 15 厘米的单个浮标连接而成。

标准分道线共有 9 个分道线。9 条分道线分别由绿色、黄色、蓝色组成。从分道线两端开始至 5 米处的全部浮标，颜色必须与其他不同。每两条泳道之间只允许有一条分道线。50 米池必须设有 15 米、25 米浮标标志。

分道线根据水力原理设计，在整个分道线的长度内，通过浮标吸收水波的能量，起到消波阻浪的作用，使运动员获得最佳的比赛环境。所用浮标采用工程塑料注塑成型，具有色彩鲜艳、组合方便、浮力强、耐防腐、吸收波浪等特点。

标志线

各泳道中央的池底应有清晰的深色标志线，线宽 20 ~ 30 厘米，线长 46 米（25 米池线长 21 米），线两端距池端各为 2 米。在泳道标志线两端应各画一条长 1 米与泳道标志同宽并与其垂直对称的横线。两条泳道标志线的距离应为 2.50 米。

池端目标标志线应画在两端池壁上或触板上，位于各泳道中央，宽为 20 ~ 30 厘米，从池壁的上沿一直延伸到池底。在水面下 30 厘米处的池端目标标志线中心上画一横线，横线长 50 厘米，宽 20 ~ 30 厘米。

出发台

出发台是运动员进入水里开始比赛的平台。应正对泳道的中央，其前缘应高出水面 50 ~ 75 厘米。台面面积至少 50 × 50 平方厘米，应由防滑材料覆盖，其向前倾斜不超过 10 度，出发台前缘应与池壁在同一垂直面上。

出发台必须坚固且没有弹性，并保证运动员出发时能在前缘和两侧抓住出发台。因此要求出发台台面的厚度不得超过 4 厘米，否则出发台两侧应至少有 10 厘米长、前端至少有 40 厘米长深入台体的握手槽。

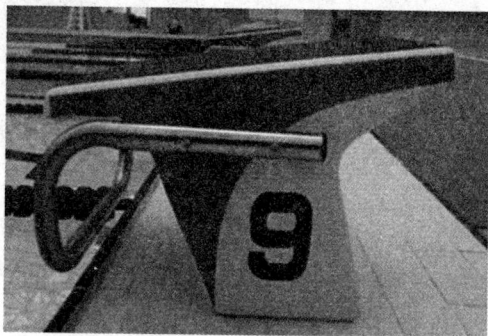

游泳出发台

仰泳出发的握手器，必须同时有横的和竖的，设在出发台上，高出水面 30 ~ 60 厘米。横握手器与水面平行，竖握手器与水面垂直，握手器应与池壁在同一垂直面上，不得突出池壁之外。

出发台四周应有明显的阿拉伯数字标明泳道号数。两侧的字应尽量靠前，使裁判员能看清。出发台的号数应在出发一端（面对池）从右至左依次排列。

出发犯规召回线

出发犯规召回线可以简称为召回线。在专业游泳比赛中，泳池的上方要分别设置一对出发犯规召回线。

出发犯规召回线应该悬挂在水面以上不低于 1.2 米的位置，距离每端池壁 15 米，必须横跨游泳池并缚在离出发池端 15 米处固定的柱

出发犯规召回线

子上，出发犯规召回线应该由一个快速断开装置连接，犯规召回线启动时必须能有效地覆盖所有泳道。

仰泳转身标志线

同出发犯规召回线一样，在专业的游泳比赛中，泳池的上方要分别设置一对仰泳转身标志线。

仰泳转身标志线为横跨游泳池的旗绳。旗绳两端固定在离游泳池两端 5 米柱子上，高出水面 1.80 ~ 2.50 米。在标志线上挂满大小相等的等腰三角形的彩色小旗子，以便运动员游进的过程中能够更清楚的看见。在距离游泳池两端 15 米处的泳池两侧和各泳道分道线上必须有明

显标记。

仰泳转身标志线的作用是在运动员进行仰泳或者个人混合泳比赛时，运动员在仰泳游进过程中，面部一直处于向上状态，眼睛一般看到上空或天花板，余光能看到旁边的泳道分道线。在距离池壁 5 米处装有鲜明的转

仰泳转身标志线

身标志线目的是能够更好的提示选手快到池壁了，准备做转身的动作。

自动计时装置

大型游泳赛事都必须采用自动计时装置。自动计时装置能判定运动员到达终点的先后，并记录运动员的成绩。记取的成绩精确到百分之一秒。

自动计时装置设备

1. 启动装置

自动计时装置的启动装置是供发令员发布口令的话筒。如使用发令枪，必须带有换能器。话筒和换能器应与各出发台的扬声器相连，使参赛运动员都能同时听到发令员的口令和发出的信号。

2. 触板

触板应为240厘米×90厘米，最大宽度为1厘米。触板应露出水面30厘米，浸入水中60厘米。各泳道的触板应独立安装以便单独控制。触板的表面必须颜色鲜明，并画有规定的池端目标标志线。

触板应安装在泳道中心的固定位置上，触板应轻便，以便拆卸。

触板的灵敏度应不受水浪的波动而产生作用，只对运动员的轻微触动产生作用。触板的顶沿应保持灵敏。

触板上的标志线应与池壁的目标标志线一致并重叠，触板的周围和边沿应标有 2.5 厘米的黑边。

配件和功能

（1）在比赛中重复打印出各种信息。

（2）成绩公布板。

（3）精确到百分之一秒的接力出发判断器。

（4）自动计趟器。

（5）分段成绩公布板。

（6）总名次排列计算机。

（7）误触板纠正器。

（8）自动电器充电器。

特别要求

1. 成绩公布板

成绩公布板的主要功用是显示在比赛中运行的成绩。成绩公布板至少要有 10 行，每行可显示 32 个字符的位置上均能显示字母和数字，每个数字至少为 20 厘米高，显示栏应可以上下翻动，并且有闪烁功能。

2. 控制中心

在离终点池端 3~5 米处，必须有一个装有空调的控制中心，面积至少为 6 米×3 米，其地面要高出泳池地面 30~50 厘米。以便在比赛中随时能不受阻碍地观察到终点端和转身端的情况。总裁判在比赛时间应能方便的进出控制中心。

3. 录像计时系统

录像计时系统是奥运会和世界游泳锦标赛必备的设备之一。

4. 终点裁判员的设置

采用半自动装置计时时，终点一端裁判员应按动按钮记录到达终点运动员的成绩，作为自动计时装置的补救。如果每条泳道有 3 个按钮，每个按钮由一个裁判操作（转身检查员可以操作其中一个按钮），在这种情况下不设终点裁判员。

附属器材

（1）26 块秒表。

（2）发令枪，枪弹若干；发令台一个。

（3）终点裁判台一个。

（4）出发枪码召回线一条。

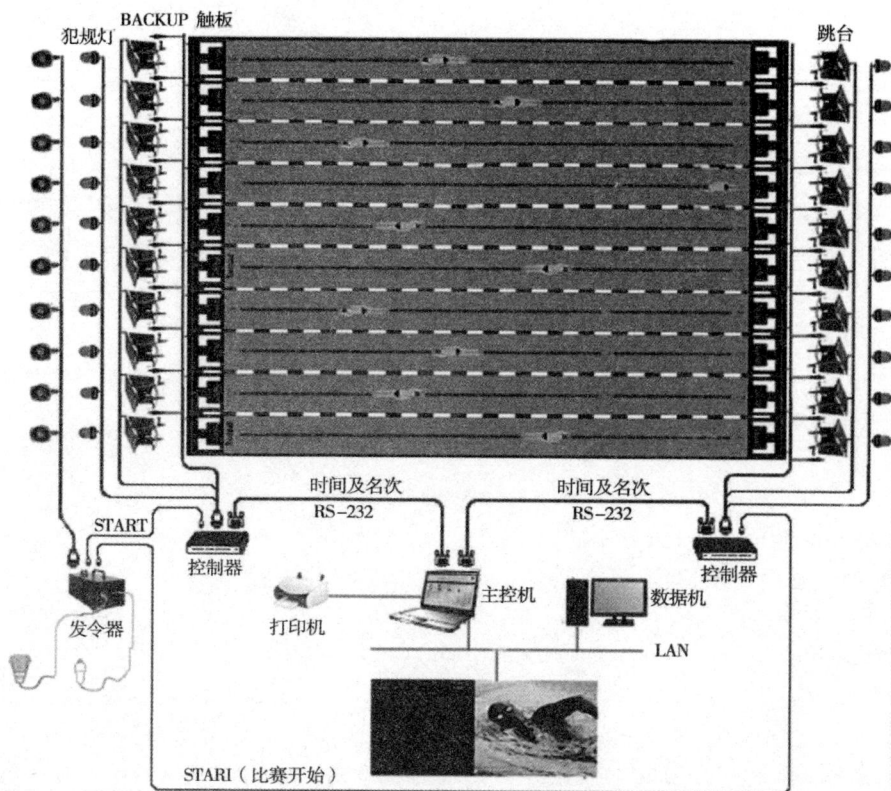

游泳比赛电子计时系统

（5）口哨、铅笔、小刀等用具若干。

（6）夹板 40 个。

（7）仰泳标志线两条。红白三角小旗若干。

（8）仰泳标志杆和枪码标志杆 8 根。

（9）长距离报趟牌和报趟架每条泳道一套。

（10）铃铛每条泳道一个。

PART 9 赛事组织

赛事组织是一项涉及事物繁杂，任务繁重，责任重大的管理活动，通常可分为赛前、赛中、赛后三个阶段。每个阶段有每个阶段不同的任务和工作。赛事组织工作要做到详细、周密，无遗漏，而且还要保证科学有序地进行。一次成功的运动赛事的举办需要一个科学的赛事组织工作作为基础。

赛前工作

竞赛前的准备工作是举办赛事的重要前提和保证，因此，一定要准备充分和科学。

成立组织委员会

正规的游泳比赛，要根据比赛的性质、规模、时间、地点等实际情况成立必要的组织机构，如成立大会组织委员会，其成员由举办单位及有关方面的负责人担任。委员会设主任 1 人，副主任 1~2 人，委员若干人，负责全面领导工作，讨论并决定大会规章、日程、计划、组织、经费、设备及聘请裁判等工作。

组织委员会下设办公室及仲裁委员会，根据组委会的有关决定，负责具体领导工作。办公室下设宣传组、竞赛组、场地器材组、保卫组、行政组。规模小的比赛可适当精简机构。

制订竞赛规程

竞赛规程是举办游泳竞赛的指导性文件，是所有参加单位必须共同遵守的章程。

竞赛规程由主办单位根据举办比赛的目的、任务及当地的具体条件而制订。竞赛规程要写得具体明确，并应及早发给有关单位，以便各单位做好准备工作。竞赛规程包括以下内容：

（1）大会名称。

（2）竞赛日期和地点。

（3）竞赛项目。

（4）参加单位。

（5）参加办法。

（6）竞赛办法。

（7）录取名次与奖励。

（8）报名时间。

（9）裁判员。

（10）其他。

组织报名

竞赛规程一旦确定，主办单位就要将竞赛规程和报名表格发给参加比赛的单位，要求参加单位按规定进行报名。在举办大型游泳比赛时，一般还要预先安排一个竞赛日程，附在竞赛规程里，发送给参加单位，以便各单位参照竞赛日程进行报名，并做好赛前的准备工作。现在一般采用电子文档报名，记得要在截止日期内收回。

编排记录工作

编排记录工作是保证比赛有计划、有步骤地顺利进行的重要一环。

因此要求编排记录员在全部工作中做到周密、细致、准确、及时。

通常，编排记录设编排记录长1人，副编排记录长1人，编排记录员3~6人。

通常，编排记录员在赛前要做如下工作：

一、编排竞赛日程

1. 编排竞赛日程的原则

（1）一般一天安排两场比赛，上午安排一场，下午或晚上安排一场。

（2）尽量不要把可能有运动员兼项的项目编排在同一场。

（3）每场中各种姿势和男、女项目应交错安排。

（4）同项预、决赛不要排在同一场，也不宜间隔太远。

（5）长短距离项目要兼顾安排。

（6）与以前不同，现在国际性比赛（包括奥运会比赛）的安排是上午场次安排决赛，下午或晚上场次安排预赛。

2. 竞赛日程的编排方法

（1）制作长2~2.5寸、宽0.5~1寸的编排秩序卡片（男子、女子或青少年用不同颜色区别开），上面写明组别、性别、项目、赛别、估计人数、组数及所需时间。第一项目预、决赛各写一张。

（2）编排秩序卡片写好后，根据编排原则和计算出来的场次和每场所需的平均时间进行编排。

（3）按照编排好的日期、场次、级别、项目、赛别、顺序制定出竞赛日程。

3. 预计竞赛所需时间

竞赛所需时间是编排竞赛日程的重要组成部分，竞赛所需时间的预计通常要根据下列几点进行计算：

（1）考虑场地条件，比如比赛池、泳道的多少。

（2）根据参加单位预计每项参加人数，计算共分多少组进行比赛，包括预、决赛组数等。

（3）每组比赛需要的时间。包括运动员游完该项距离的时间和裁判工作时间。例如，全国性比赛一般 100 米每组需 3 ~ 4 分钟；200 米每组需 5 ~ 6 分钟；400 米每组需 8 ~ 9 分钟；800 米每组需 13 ~ 14 分钟；1500 米每组需 21 ~ 23 分钟。

（4）决赛发奖时间。

根据以上内容计算出总的时间，再根据规程规定的比赛天数计算出需要多少场和每场需要的平均时间。

二、竞赛分组与泳道安排

（1）审查报名单。审查各单位报名单是否符合竞赛规程的各项具体要求。

（2）填写竞赛成绩卡片。男、女游泳竞赛成绩卡片用不同纸色或字色加以区别。按报名单填写，字迹要清查，内容不可遗漏，每人每项填写一张，接力每队填写一张。所有卡片填写完后，应与报名单反复核对无错后，将卡片按比赛项目分开，然后再核实每项卡片数目，与每项报名人数必须相符。

（3）预赛分组。预赛分组按各项参加人数和泳道多少而定，比赛时按分组的顺序进行。

（4）决赛和争分赛分组。按预赛后成绩的优、次顺序，前 8 名为决赛，9 ~ 16 名为争分赛。

（5）泳道安排。在设有 8 条泳道的游泳池比赛时，同一组成绩好的运动员或接力队应安排在第四泳道，其他运动员或接力队按其成绩的优、次，以 5、3、2、7、1、8 的泳道顺序进行安排。成绩相同的，用抽签的办法决定其先后顺序。决赛和争分赛的泳道也按此方法进行安排。

编排人员要熟知泳联对赛事的规定，在每场重大比赛中，所有比赛均同时有 8 名选手参加，50 米、100 米和 200 米比赛包括预赛、半决赛和决赛，而 400 米以上和接力比赛都不设半决赛，预赛前 8 名进入决赛。

每一项预赛，根据运动员赛前报名成绩，选出当中最快的 24 名运动员，分成 3 组参加预赛。最快的 8 名运动员被安排在预赛的最后一组，9～16 名被排在预赛倒数第二组，17～24 名被排在预赛倒数第三组。如果在一项比赛中参赛运动员超过 24 人，将所剩运动员按其成绩顺序排满倒数第四组，以此类推。

在 400 米或者更长的接力和个人项目中，最快的 8 名选手将直接进入决赛。预赛中成绩最好的选手在半决赛中排在第四泳道，第二名排在第五泳道，他们被安排在泳池的最中间两道，第三名在第三道，第四名在第六道，以此类推。而对于 200 米以及更短的所有项目，预赛中成绩最好的 16 名选手将参加两场半决赛，半决赛的成绩排位将决定决赛的泳道排列。

国际泳联公布 A 级和 B 级达标标准以及达到标准的期限，规定每个协会每个单项如只有 1 名运动员参赛时，该运动员必须达到 B 级标准；如有两名运动员参赛时，这两名运动员都必须达到 A 级标准；如没有运动员达标，则每个协会可派男、女各 1 名运动员参赛。每个协会每个单项最多可派两名运动员，接力项目每个协会每个项目只能派 1 支队伍。

每项分组和泳道安排好后，将组别和泳道号码填入卡片。

三、制作竞赛分组表

全部项目分组和泳道安排完以后，按竞赛日程整理各项、组卡片，反复核对后制成竞赛分组表。

四、编排秩序册

秩序册是提供大会全面情况的基本文件，其内容包括以下几部分：

（1）竞赛规程及有关文件。

（2）组织委员会及大会组织机构、工作人员名单。

（3）仲裁委员会名单。

（4）裁判员名单。

（5）各代表队名单。

（6）大会日程。

（7）竞赛日程。

（8）竞赛分组表。

（9）参加人数统计表。

（10）场地平面图及其他。

秩序册的内容根据竞赛规则大小酌情而定。

五、绘制竞赛表格

包括各裁判组使用的表格、成绩公布表、团体总分记录表以及比赛成绩证明书等。

选派裁判员

根据竞赛的规模和水平，选派精通游泳竞赛规则和裁判法、作风正派、坚持原则、责任心强的裁判员担任裁判工作。

选派裁判员的一般做法是，由主办单位指派总裁判、副总裁判和部分骨干裁判，其余裁判由承办单位选派。裁判员必须按规定提前报到，参加赛前学习和实习。

设立仲裁委员会

仲裁委员会一般由主办组织领导、承办单位领导和游泳界权威人士若干人组成，其主要任务是接受申诉，审查和处理比赛期间执行竞赛规则、竞赛规程中发生的纠纷，保证规则和规程得以正确执行。

准备好场地器材

承办国家或单位要准备好比赛场地、器材、设备及裁判工作用具。

有关部门领导和总裁判要认真检查，确保场地、泳池、水质、水温、灯光及标志等符合竞赛规则的要求。

赛间工作

比赛中间的工作最多，也最繁杂，既要按部就班进行比赛，还要应付突发事件。简单来说，主要有下面的工作要做。

1. 报到接待

承办国家或单位要根据大会日程安排，做好各参赛方和裁判员报到的接待工作。

2. 召开裁判动员大会

裁判员报到后，竞赛组应及时召开裁判动员大会，由主办单位领导和承办单位领导进行动员，通报有关情况，提出对裁判工作的要求，然后由总裁判组织全体裁判员进行学习和实习。

3. 召开组织委员会会议

一般情况下，各参赛方的领导都是组织委员会的成员。在各参赛单位报到后，主办方应及时召开组织委员会会议，通报大会的筹备情况，提出对参赛方的要求，统一见识。

4. 召开总裁判、教练员联席会议

竞赛组应在比赛前主持召开总裁判、教练员联席会议。会议内容主要为：

（1）有关竞赛规程及补充通知中不太明确或易引起争议的条文的说明，统一认识。

（2）裁判组关于竞赛规则、裁判法的有关说明。一般需预先形成文字材料，在会议上分发给裁判员和教练员。

（3）裁判组关于报名和编排情况的说明。有些比赛，须在联席会议上对报名做最后的确认。

（4）关于大会开幕式、闭幕式、颁奖等的有关说明。

（5）有关竞赛其他问题的说明。

5. 组织开幕式

根据事先排定的程序，组织好开幕式。

6. 组织比赛

根据竞赛日程组织比赛；根据事先排定的程序，组织好单项颁奖。

赛会工作

赛会工作也很重要，对一些容易产生问题的方面一定要引起注意。赛会工作主要有：

1. 组织闭幕式

根据事先安排的程序，组织好闭幕式和团体颁奖。

2. 印发《成绩册》

比赛结束后，编排记录组应迅速编印《成绩册》。

竞赛组一般要在各单位离会前，将《成绩册》分发到各单位。

3. 将材料汇总上报

比赛结束后，承办方应及时整理成绩资料，将有关材料汇总上报主办单位。

4. 办理各方及裁判员离会事宜

有很多赛事，就因为没有处理好各方及裁判员的离会事宜而留下遗憾，因此，要善始善终，办理好各方离会事宜，努力给各方留下美好印象。

PART 10 裁判工作

赛事的裁判工作是运动竞赛工作的重要组成部分，是顺利进行竞赛的必要前提，没有合格的裁判工作就没有一场文明的现代化运动竞赛。各个运动项目比赛的裁判标准以及对裁判的要求自然也不同，熟悉裁判法和有健全的人格则是每个裁判必备的素质。

裁判员的工作

总裁判工作

总的来说，总裁判要熟知大会竞赛规程、游泳规则及裁判法。

1. 赛前

赛前应了解大会概况，明确大会对裁判工作的要求等。具体工作可分为下面几点：

（1）制定裁判员学习、工作计划；了解裁判员的情况，与有关人员细致研究分工情况。

（2）召开全体裁判员会，宣布裁判分工及对裁判的要求。

（3）带领各裁判组长检查场地器械。

（4）准备教练员会议文件，召开领队、教练员联席会议。

（5）检查落实全体裁判员实习工作，发现问题及时解决，对比赛中可能出现的问题，做详细的研究和制定出解决的方案，切实做好赛前准备工作。

2. 赛中

赛中，总裁判要做到：

（1）第 1 场赛前 10 分钟集合全体裁判员，赛前 5 分钟带领裁判员入场。令裁判员按部就位。

（2）每项、组比赛由总裁判给发令员信号，发令员得到信号后组织该项、组的出发。

（3）比赛中要观察全场比赛情况，及时处理、解决比赛中出现的如下问题：

观察每项、组运动员出发动作，当发现运动员抢码时，有权鸣哨将运动员招回；如运动员故意抢码，总裁判有权判为延误比赛犯规被罚出场。

观察运动员游程中的技术和转身犯规动作，处理运动员犯规问题。

每项、每组比赛后审查竞赛成绩，签名后交报告员宣布成绩。

在现场比赛中审查决赛及重赛名单，并随时掌握和调整各项比赛时间，尽量按照规定时间举行各项比赛。

报告员在介绍下一组运动员后，总裁判给发令员信号，开始下一组比赛。

每场比赛后带领裁判员退场。

3. 赛后

总裁判在每场比赛后，在各裁判组小结的基础上召开裁判长会议，了解和处理存在的问题，提出下一场比赛的要求和注意事项。

赛后，总裁判要做到：

（1）召开全体裁判员会议，做裁判组工作总结。

（2）签发运动员成绩证明书。

（3）审查成绩册。

检录工作

检录工作也是裁判工作必不可少的一环，通常设检录长 1 人，检录员 2~4 人。赛前要明确分工，统一检录工作步骤，布置检录处，核对竞赛成绩卡片。每场比赛前如有运动员申请分段破纪录，应将申请表贴在该运动员的卡片背面，并在该组带入泳道时口头通知副计时长。对接力项目，应将每队参加的运动员顺序名单贴或抄在成绩卡片背面。

每项比赛前约 15 分钟第一次点名，并检查竞赛证或身份证；第二次点名后，即将运动员带入候赛席等候比赛。在上一组运动员到达终点后将下一组卡片交给副计时长，当报告员开始宣布上组成绩时将下一组运动员带入泳道。每组比赛结束后引导运动员退场。

如有运动员弃权，应在该组比赛前报告总裁判，同时将该运动员卡片交回。

发令工作

发令员一般设 2 人，两人轮换担任。赛前要研究统一执行发令的要领和尺度；有计划深入现场了解场地和运动员技术；准备和检查发令器材，避免比赛时发生故障；与计时组配合练习开、停表技术，使计时员熟悉发令员的手势和口令。

发令员应站在游泳池侧面，离出发池端 5 米以内执行发令工作。发令时能使运动员和计时员听到或看到出发信号。

当发令员接到总裁判的信号后，上出发台，鸣短哨声示意运动员脱外衣，再用长哨声示意运动员上出发台站在出发台的后半部就位（仰泳项目运动员入水就位），随后抬手臂示意计时组和技术检查员起立。然后发令员右手举枪，左手拿哨发出"各就位"的口令（口令发出后立即将哨放入口中），当所有运动员身体都处于稳定静止时，即鸣枪。如遇运动员抢码时，应立即用有力短促哨声将运动员招回，重新组织出発；第二次再有运动员抢码犯规则不再招回，当运动员游完后，将犯规运动员成绩取消。如发令枪发生故障，有的运动员已出发应立即鸣哨召回，重新组织出发，不算一次抢码。

需要注意的是发令员如取消运动员比赛资格或录取资格，须经总裁判同意。

助理发令员位于发令员同侧离池端 2～3 米处（仰泳出发可站在池对面），观察运动员出发情况，察看抢码运动员及道次，仰泳出发时负责检查该侧半数泳道运动员脚趾是否露出水面及准备工作是否做好等工作，并填写发令工作正、误及运动员犯规统计表。

每场比赛后发令员和助理发令员应小结不断改进发令工作，比赛全部结束后应做好总结。

计时工作

游泳比赛计时分人工计时和自动装置计时两种。

人工计时设计时长 1 人，副计时长 1～2 人，负责领导计时组工作。其中 1 名计时长或副计时长，还应专门负责转身、终点、接力犯规的检查工作。每条泳道设一个计时小组，由 3 名计时员组成。

比赛前计时长要领导全组学习规则有关章节，领会规则精神，统一掌握判罚尺度，通过实习掌握正确的开、停表技术；准备所需的器材。

计时小组除有共同计取运动员的成绩外，其分工如下：小组长（"1 表"）坐在右边负责小组全面工作和计取运动员分段成绩；坐在中间的（"2 表"）负责小组记录工作；坐在左边的（"3 表"）负责运动员的转身、到达终点和接力交接棒动作是否犯规，在 800 米和 1500 米个人项目的最后 105 米（50 米长游泳池）或 55 米（25 米长游泳池）时向运动员用哨声或铃声发出信号。

计时组的位置在离出发池端 3 米处，每个小组中间的计时员"2表"要坐在正对本泳道出发台。计时长位于第 4 道计时的左侧，副计时长位于第 5 泳道计时小组的右侧，另一名副计时长兼任主要泳道计时小组长工作。在运动员转身、终点、接力交接棒时，负责这一工作的计时长或副计时长，应在出发一端总裁判对面的池侧、距池端约 3 米处，全面观察运动员情况，如有犯规应及时在这个位置上向总裁判示意，然后再处理犯规问题。

每组比赛开始前副计时长将竞赛成绩卡片分发给各泳道的计时小组，小组根据报告员介绍的运动员姓名核对卡片。发令员鸣长声后计时员随发令员手势起立，准备开表。

计时员右手握表、靠近身体右侧腰部用拇指第一关节处按表的开关，当听到"预备"口令时，立即将第一道表簧轻轻按下，这时注意力要高度集中，听到枪声立即按动秒表。开表后马上坐下，并查看秒表走动情况，如有情况立即报告计时长处理。

200 米以上距离的项目，运动员每项转身前"1 表"和"3 表"计时员起立到池端计取分段成绩并检查转身或接力交接棒有无犯规。"2表"计时员将分段成绩填入卡片。如有运动员申请某分段成绩破纪录时，在该分段，小组 3 名计时员要同时计取分段成绩，并将 3 个成绩填写在分段成绩破纪录申请表上。

当运动员游至距终点约 15 米时，该泳道计时小组全体一同到池端，两脚前后开立，上体稍前倾，3 人的位置尽量靠拢，右手将表靠在身体右侧腰带处，找好池壁垂直视线，在运动员游至距池端 5 米前要完成以上准备动作。当运动员游至距池端 5 米时按下秒表第一簧，此后要全神贯注，注意运动员手臂动作，看到运动员触壁则立即按停秒表。停表后 3 人立即返回坐下，认真查看自己的秒表，然后由"2 表"计时员将 3 人的计取成绩填入卡片，根据规则的规定，确定该运动员的正式成绩。如发现运动员犯规应先报告计时长或副计时长，再填写检查表送交裁判，最后登记计时存查表。

这些工作完成后，由小组长将成绩卡片交计时长，计时员要得到回表的信号后方可回表。

计时长在收集成绩卡片时，应按卡片上的正式成绩排列顺序，然后再与终点长核对，如发现成绩名次不符应以总裁判判定为准。计时长和终点长根据总裁判判定以及规则有关章节规定处理与名次交叉问题。最后将成绩卡片交总裁判。

自动计时装置较传统的人工计时方式更准确、快捷，已经成为现代游泳竞赛中最通用的常规计时方式。

自动计时设自动计时长1人，负责领导全组工作并监督自动计时装置的操作及处理自动计时装置失灵、失误问题。自动计时员若干人，负责自动计时装置的安装、调试、维修、保管，并在比赛中负责自动计时装置的操作。

使用自动计时装置时，如果没有大会设置的录像设备，须按规则配备同样数量的计时装置和终点裁判员进行工作。比赛中连同人工计时、终点的成绩、名次均登记下来，判定时先采用自动计时装置的记录。

赛前由总裁判派专人负责检查自动计时装置，保证符合规则中的有关规定，使其准确可用。

自动计时装置的主机应设在终点池端的侧面，距池端3~5米处，能直接观察运动员比赛的位置上。每组比赛前自动计时员应根据比赛项目、距离和参加运动员人数，调整主机有关装置，自动计时应被监督和提示，防止出现失误。

每组比赛后，自动计时员应将自动计时装置打印出来的全部运动员成绩名次单交自动计时长，经审查无误后，将这一成绩名次单贴在事先准备好有注明项目、组别的表格上交总裁判审查。

如有运动员犯规，经总裁判判定后将运动员名次去掉。如有运动员破纪录，总裁判要注明破纪录并签名。

比赛中自动计时和自动计时员应密切注视自动计时装置工作情况和运动员到达终点的情况。发现自动计时装置有失灵、失误时，自动计时长应马上报告总裁判，并应根据规则的有关规定进行处理，然后交总裁判审定。

终点工作

终点工作直接关系到运动员的成绩，非常重要，因此一定要做到科学、准确。

终点裁判员应坐在梯形终点台上，终点台的一侧应靠在终点的延长线上，台的前沿离池边 2 米左右。终点裁判员根据各自不同分工，分坐在梯形台上；副终点长坐在台的偏下位置，便于与终点长联系；终点长位置设在台的靠近终点延长线的一侧，便于与计时长核对名次。

在比赛中终点裁判员应注意运动员名次的变化。当运动员最后一次转身后，应根据主看和兼看名次的变化，调整默记的泳道号码，到达终点后应马上将判断结果笔记下来，并报告小组长。小组长将本小组裁断结果及时报告终点长，终点长综合各小组的报告，最后做出名次顺序，并填写"名次报告"，最后与计时长核对名次。

检查工作

检查工作是检查运动员在全部游泳过程中的泳式、技术动作和转身动作是否符合规则。检查工作也直接关系到运动员的成绩，因此一定要做到检查仔细，判断准确。

检查工作组应设检查长 1 人，副检查长 2 人，技术检查员若干人，转身检查员每泳道 1 人。检查长负责领导全组工作，位于总裁判同侧距池端 15 米处。副检查长协助检查长工作，一名副检查长兼做技术检查工作，位置与检查长隔池相对，技术检查员分别于正、副检查长左右侧，负责检查半数泳道运动员在游进中的犯规动作，并协助观察转身和接力交接棒犯规情况。另一名副检查长兼做转身检查工作，位于转身一端池侧距池端 2 米处，负责转身一端所有泳道的转身检查工作。转身检查员负责检查本泳道运动员的转身时的犯规动作；在 800 米、1500 米个人项目中负责用报趟牌向本泳道运动员报所剩趟数。转身检查员位于转身一端距池端约 3 米处。

比赛前检查长要领导全组学习规则的有关章节，统一掌握判罚尺度，并与计时组统一转身犯规的判罚尺度，检查场地和准备用具等。

比赛开始时正、副检查长和技术检查员应与计时员同时起立，走到距出发一端 5～10 米处准备。比赛开始后技术检查员在走动巡视中注意观察的位置和角度，视野要广，发现问题时视线要集中，思想不能分散，要注意各种姿势最易犯规的动作。运动员全部到达终点后，回原座位就坐。转身检查，待运动员游至离池端约 15 米时起立到池端，站在泳道的中央仔细观察运动员触及池壁前的最后一个手臂动作，至转身后完成第一次手臂动作止，这段过程中动作是否符合规则；运动员转身游出 15 米后，回原座位就位。

观察时，检查员要注意光线、水的折射及波浪造成的错觉，以免错判。

技术检查员发现运动员犯规时应在全部运动员到达终点后，曲肘举手向检查长示意（转身检查员发现运动员犯规时，应先向转身检查长示意，转身检查长再向总裁判示意）并迅速填写"游泳检查表"。检查长接到技术检查员或转身检查员的示意后，应先报告总裁判，再去处理犯规，做出确切裁断后立即向总裁判交检查表，由总裁判最后判决。

报告工作

报告员在赛前应准备各种有关游泳的宣传资料，了解和熟悉各参加运动员的情况及比赛分组情况。

每组比赛前，报告员要介绍比赛项目、各泳道运动员姓名和单位。

每组比赛后，根据总裁判审查后的每组成绩卡片，报告成绩，然后将该组成绩卡片交给记录组。

司线工作

司线工作就是负责掌管召回员的工作。根据比赛规模大小，设若干名司线员。司线员位于离出发池端 15 米处的两侧。赛前要认真检查召回线设备，在比赛中当听到发令员发出召回信号时，应迅速放下召回线，将所有运动员拦回。在全部比赛中司线随时要注意召回线设备，不能出任何事故。

临时各裁判组的配合

（1）总裁判在每场赛前 10 分钟集合全体裁判员。赛前 5 分钟，在广播的引导下，带领裁判员入场。

（2）检录员将第一组竞赛卡片交给副计时长，副计时长将卡片分发给各计时小组。总裁判示意后，检录员带运动员上泳道就座。

（3）报告员介绍比赛项目，然后介绍各泳道运动员。

（4）总裁判用短哨声示意运动员脱外衣做好准备，用长哨声示意运动员上出发台，仰泳项目的运动员入水。在仰泳项目中，总裁判还要发出第二声长哨，示意运动员游回池端做好出发准备。当所有运动员都做好出发准备时，总裁判即用手势通知发令员开始发令。

（5）发令员组织该组出发。

（6）计时组、检查组、终点组各自执行任务。

（7）运动员抵终点后，计时长收集竞赛卡片，与终点裁判长核对名次，然后交总裁判。

（8）检查长审核犯规情况。

（9）总裁判审核成绩和处理犯规，然后将竞赛卡片交给宣告员。

（10）报告员报告成绩。采用人工计时，报上一组成绩；采用自动计时，报当组成绩。

（11）检录员将下一组运动员带上泳道，准备继续比赛。

（12）最后一组比赛结束，全体裁判员依总裁判的手势统一起立，在广播的引导下，按预定路线退场。

出发裁判

规则规定，自由泳、蝶泳、蛙泳及个人混合泳的各项比赛必须从出发台起跳出发，仰泳项目在水中出发。

任何运动员如在"出发信号"发出前出发，应判出发犯规，取消其比赛资格或录取资格。如果在"出发信号"发出后发现运动员抢码犯规，应继续比赛，在该组比赛结束后取消犯规运动员的录取资格。如果在"出发信号"发出前发现运动员抢码犯规，则不再发"出发信号"，取消抢码犯规运动员比赛资格后，再次组织出

等待出发的运动员

发。发令员口令是"各就位"，出发信号是鸣枪、哨声、电笛或口令。

计时裁判

在现代比赛中，人工计时、自动装置计时与半自动计时均被承认为正式的计时方法。就人工计时来说，每条泳道应有3名计时员。正式成绩决定的方法：3块计时表中，2块相同的是正式成绩；3块都不相同时，中间的成绩是正式成绩。

与犯规裁定

运动员必须在本泳道内比赛完毕，所采取的姿势必须符合规则规定。比赛中运动员转身时必须使身体的某一部分触及池壁，转身必须从池壁完成，不得在池底跨越或行走，否则会被判为犯规。

在自由泳比赛或在混合泳中的自由泳式比赛中，允许运动员在池底站立，但不得跨越或行走，否则会被判为犯规。

在比赛中运动员不得使用或穿戴任何有利于其速度、浮力的器具（如手蹼、脚蹼等），但可戴护目镜。

在比赛中不允许陪游、带游，不许速度诱导或采取任何能起速度诱导作用的办法。

每一个接力队应有 4 名队员，接力赛中任何一名队员犯规即算该队犯规。任何接力队员在一次接力赛中只能参加一棒比赛。

接力赛时，如本队的前一名运动员尚未触及池壁，而后一名运动员即离台出发，应算犯规。如果该运动员重新返回并以身体任何部分触及池壁再行游出时，不作犯规论。

某项比赛进行中，不是该比赛的运动员进入水中算犯规。

接力赛前三棒运动员游完后，在不影响其他运动员比赛的情况下尽快离池，并不得触碰泳道的自动计时装置，否则算犯规。运动员全部到达终点后要尽快离池，否则算犯规。

在一项比赛进行过程中，当所有比赛的运动员还未游完全程前，未参加比赛的运动员如果下水，应取消其原定的下一次比赛的资格。在接力比赛中，当各队的所有运动员还未游完之前，除了应该游该棒的运动员之外，任何其他接力队员如果进入水中，该接力队应被取消录取资格。

PART 11 观赛指南

重大赛事

每年在世界各地都举行大大小小的游泳竞技比赛。国际性游泳竞技比赛有：奥运会游泳比赛、世界游泳锦标赛、世界短池游泳锦标赛、世界短池系列赛、亚运会游泳比赛、亚洲游泳锦标赛以及世界大学生运动会游泳比赛。这些重大比赛，促进了各国运动员之间的交流，推动着世界竞技游泳运动不断向前发展。

奥运会游泳比赛

奥运会游泳大赛是世界性的赛事，每 4 年举行一次。

奥运会游泳赛事，男子和女子各有 16 个游泳比赛项目，除了男子是 1500 米自由泳，女子是 800 米自由泳以外，其他项目男女一样。

奥运会游泳比赛目前正式比赛项目有四种泳姿：自由泳、仰

奥运会游泳健将激烈角逐

泳、蛙泳和蝶泳。其中仰泳、蛙泳和蝶泳的比赛距离都在 100 米到 200 米之间，自由泳则分 50 米、100 米、200 米和 400 米，以及女子 800 米和男子 1500 米。个人混合泳也是奥运会游泳比赛的比赛项目，它的长度有 200 米和 400 米两种，运动员必须在比赛过程中分别使用不同的泳姿，顺序则是仰泳、蛙泳、蝶泳和自由泳。其他的接力项目还有 4 × 100 米和 4 × 200 米自由泳接力。

从 1984 年第 29 届奥运会开始，游泳比赛又多了一个比赛项目，那就是女子花样游泳比赛。花样游泳 20 世纪 20 年代起源于德国、英国等欧洲国家，原为游泳比赛间歇时的水中表演项目，由游泳、技巧、舞蹈和音乐编排而成，有"水中芭蕾"之称。

奥运会花样游泳比赛

1984 年，花样游泳成为奥运会正式比赛项目，有单人、双人两项。1996 年改为集体赛，设双人和集体两个项目，后来在 2000 年改为双人和集体两个项目。

世界游泳锦标赛

世界游泳锦标赛是大型国际性游泳赛事，主办机构是国际泳联。第一届世界游泳锦标赛于 1973 年在南斯拉夫贝尔格莱德举行。设游泳、跳水、水球三大项目。共有 47 个国家和地区的 686 名运动员参加。

第 14 届世界游泳锦标赛于 2011 年 7 月 16 日至 7 月 31 日在我国大城市上海举行，世界泳坛顶尖高手会战东方体育中心，争夺游泳、跳水、花样游泳、水球和公开水域游泳 5 个大项的 66 枚金牌。我国游泳

第 10 届游泳锦标赛花样游泳比赛

代表队将派出 117 名运动员参加全部项目的角逐。

世界游泳锦标赛开始时是 2 年举行 1 届，与奥运会间隔进行。但 1978 年至 1998 年间举办间隔年数屡有变化，自 2001 年起恢复每 2 年举行一届。

世界游泳锦标赛中，除花样游泳是女子项目外，其他项目均包括男子及女子比赛。

世界短池游泳锦标赛

世界短池游泳锦标赛是指由国际游泳联合会主办的在 25 米游泳池里进行的世界锦标赛，每两年举办一次。

在运动项目设置上，世界短池游泳锦标赛男子项目设置：自由泳设置 50 米、100 米、200 米、400 米、1500 米比赛；仰泳设置 50 米、100 米、200 米比赛；蛙泳设置 50 米、100 米、200 米比赛；蝶泳上设置 50 米、100 米、200 米比赛；个人混合泳设置 100 米、200 米、400 米比赛；接力设置自由泳 4×100 米混合泳、4×200 米自由泳。

女子项目比赛设置：自由泳 50 米、100 米、200 米、400 米、800 米比赛；仰泳设置 50 米、100 米、200 米比赛；蛙泳设置 50 米、100 米、200 米比赛；蝶泳设置 50 米、100 米、200 米比赛；个人混合泳设置 200 米、400 米；接力赛设置 4×200 米自由泳、4×100 米混合泳。

第一届世界短池游泳锦标赛于 1993 年 12 月 2 日至 5 日在西班牙帕尔马（马略卡）举行。来自 46 个国家（地区）的 313 名运动员参赛。在这届比赛中，我国游泳代表团获得金牌总数第一名。共有 12 项短池游泳世界纪录被打破，其中 10 项是女子运动员。2 项男子接力比赛的纪录被改写。

世界杯短池系列赛

世界杯短池游泳系列赛是一个国际系列短池（25米）游泳比赛，由国际游泳联合会主办，参加成员是国际泳联会员。世界杯短池游泳赛于1989年开始举办，每年举行分站的比赛，最终获得前三名的运动员可以获得奖金。

短池游泳世界杯系列赛共包含男女各五个单项的比赛：

（1）自由泳：50米、100米、200米、400米、800米（女）、1500米（男）。

（2）仰泳：50米、100米、200米。

（3）蛙泳：50米、100米、200米。

（4）蝶泳：50米、100米、200米。

（5）个人混合泳：100米、200米、400米。

50米、100米、200米和400米分预赛和决赛两个阶段进行。400米个人混合泳，800米和1500米自由泳则在预赛与决赛之间适当延长间隔时间，分两天举行。

赛事欣赏

大型的游泳比赛是一场视觉盛宴，很多喜欢游泳的人，不会放过每一场有水准的游泳赛事。他们熟悉比赛规则，也了解运动员的水平以及他们所擅长的项目。游泳比赛有其自身的规则要求和观赛礼仪要求，了解这些规则和要求是欣赏游泳比赛的一个重要前提。

了解赛事级别和运动员成绩

1. 赛事级别

在观看游泳比赛前，首先要了解本次比赛的级别。游泳比赛的级别不同，参赛运动员的水平也不同，对于观众而言，比赛的欣赏价值就不同。

现在的世界级游泳比赛有奥运会、世界游泳锦标赛、世界杯游泳赛、世界短池游泳锦标赛、世界杯短池系列赛、世界大学生运动会、亚运会、亚洲游泳锦标赛等。

四年一次的奥运会游泳比赛和两年一届的世界游泳锦标赛是目前级别最高、规模最大的比赛。这两项比赛聚集了世界各国的游泳好手，他们把能在比赛中夺得奖牌视为最高荣誉，因此这两项比赛是最值得观看与欣赏的。

2. 运动员成绩

每年年底，国际泳联统计委员会会将本年度所有比赛的成绩做个大排序，排出本年度每个项目的前若干名运动员。一般来讲，排在前十名的运动员被认为是达到了世界先进水平。可以关注一下这些排序。

此外，还需了解参赛的运动员是否是世界纪录的保持者，是否有可能能够打破并创造新的世界纪录，这些代表了游泳运动员的最高水平。

3. 选择观赛项目

了解了比赛的级别及运动员的水平，就可以选择自己喜爱的项目进行欣赏。

现在国际泳联公布的游泳世界纪录共有 40 个项目。各个级别的游泳比赛所设的项目不同，如世界游泳锦标赛设了 40 个项目，而奥运会设有 32 个游泳比赛项目。在游泳比赛中最长距离的项目是 1500 米自由泳，最短的项目是 50 米。

50 米自由泳比赛是短距离项目中竞争最激烈的一项，如同田径比赛中的百米大战。在比赛中，8 名运动员从出发到触壁，几乎不分上下，运动员往往是以百分之一秒的优势取胜。而 800 米、1500 米是自由泳独有的项目，可以看到运动员在泳池中你追我赶，领先者毫不放松，争取更大的优势，落后者也不气馁，力图挽回局面。运动员的意志、技术、体能、战术及训练水平尽显其中。蝶泳是游泳项目中力量的体现，还是运动员柔韧的展示。蛙泳是一项技术性比较强的项目，比赛时，运动员对水的阻力的克服以及臂腿配合的协调都是观众观赏时应该着重欣赏的。仰泳的出发很特别，运动员在水下，双手拉住出发台的出发杆，双臂紧收，蓄势待发，枪响启动，如同离弦之箭。仰泳时两臂轮流的直臂前移如同风车在风中飞转，很有观赏性。

最紧张激烈的游泳比赛要属接力项目。每队由四人组成，运动员们为了集体的荣誉竭尽全力，奋勇拼搏，场面紧张、感人。据统计，有许多运动员的最好成绩就是在接力比赛中创造的。

通常规模大、水平高的游泳比赛，一般赛次分为预赛、半决赛和决赛（200 米以下的个人项目有半决赛），所以在观看游泳比赛时，要注意听大会的广播。在一个赛次比赛前，报告员会介绍该赛次比赛的项目、比赛的性质（预赛或决赛），每条泳道的运动员的姓名、代表国家。这样在观看时就能做到心中有数。

预赛中，每项比赛有多组运动员参加，一般来说，最后一组的运动员水平最高，其次是倒数第二组，以此类推。每一组按 4、5、3、6、2、7、1、8 的顺序排列，即第四道的运动员报名成绩最好。通过预赛，选出八名成绩最好的运动员进入决赛，仍按 4、5、3、6、2、7、1、8 的顺序排列，3、4、5 道的运动员是预赛成绩最好的，大多数情况下，冠军产生于这三条泳道。

观看游泳比赛可以到现场，也可以看电视转播。如果是在现场观看，最好坐在终点附近，以便更好地欣赏运动员最后冲刺的激烈场面。

如果比赛设有自动计时装置，在每组比赛结束后，可以在电子显示屏上及时了解比赛结果。如果比赛场地没有自动计时装置，观众可通过大会报告员或观看成绩公告栏了解比赛结果。如果观看电视转播，在比赛进行中，屏幕上会及时显示该项目的世界纪录，比赛结束会显示优胜者的成绩，以便观看者及时了解赛场情况。

观赛礼仪

观看比赛时行为要得体，衣着要整洁、大方，不可太随便。进出场地要有序。

要在比赛前到达赛场，这是对运动员、教练员和裁判员最起码的尊重。

规模大的赛事，玻璃瓶、易拉罐饮料是不允许带进场地的，只允许带软包装饮料。垃圾要用方便袋或者纸袋自行带出。

在运动员或裁判员入场时，一般会有音乐，观众应该跟着音乐的节奏鼓掌；介绍运动员时也要有一定的掌声表示鼓励。

在比赛开始时，特别是运动员准备出发时一定要保持安静，让运动员能够很清楚地听到发令声。不要吃东西或互相聊天、喧哗。在比赛中，最好不要走动。

比赛中可以高喊自己喜欢运动员的名字，可以在啦啦队的统一指挥下高喊口号，但不能喊出不文明语言。如运动员发挥得好，可以鼓掌。但要注意对不喜欢的运动员不要喝倒彩。另外，在游泳馆内不要使用闪光灯。手机也要关机或设置在振动、静音状态。还有不能吸烟。

比赛结束后，为获胜者发奖牌，同时演奏其国歌时，应全体起立并保持肃静。

PART 12 明星花絮

　　运动离不开运动员的参与，运动会就是运动员的盛会，是运动员竞技的平台，在各项大大小小的运动盛会上，涌现出众多的运动明星。在世界及各国泳坛上，涌现出的泳坛健将、泳坛天才、泳坛新秀，这些运动明星以及他们卓越的技能无疑给盛会增添了光彩，看这些明星比赛，无疑是一场视觉盛宴。

泳坛天才——科内利娅·恩德尔

　　科内利娅·恩德尔是民主德国女子游泳运动员。1958 年 10 月 25 日生于民主德国的哈勒市。

　　1972 年在慕尼黑第 20 届奥运会上，不满 14 岁的恩德尔即以 2 分 23 秒 59、3 分 55 秒 55 和 4 分 24 秒 9 的成绩分获 200 米个人混合泳、4×100 米自由泳接力和 4×100 米混合泳接力 3 枚银牌。

　　1976 年蒙特利尔奥运会上，恩德尔与队友以 4 分 7 秒 95 夺得 4×100 米混合泳接力金牌，创下新的世界纪录；之后再以 55 秒 65 和 1 分 59 秒 26 的成绩摘下 100 米自由泳和 200 米自由泳两枚金牌，且均创世界纪录；接着，又以 1 分 0 秒 13 获 100 米蝶泳金牌，也创世界纪录；之后，又获得了 4×100 米自由泳接力银牌，成绩是 3 分 45 秒 50。

　　最能体现这位游泳天才的地方，是她参加的 100 米蝶泳决赛与 200

秒自由泳决赛之间仅有 25 分钟，其间还包括发奖仪式。她在 100 米蝶泳决赛获胜之后，匆匆换上队服去参加发奖仪式。走下领奖台，她又匆匆赶到 200 米自由泳检录处，之后又勇夺冠军。23 分钟内，她两获奥运会金牌，一破世界纪录，是在同届运动会上 4 次破世界纪录的女选手，遂成为本届奥运会上最耀眼的超级明星，她也因此获得国际泳联颁发的特别奖。

此外，在 1973 年的贝尔格莱德第 1 届世界游泳锦标赛上，恩德尔于 9 月 4 日以 4 分 16 秒 84 的成绩获得 4×100 米混合泳接力冠军，创世界纪录；9 月 8 日以 3 分 52 秒 45 的成绩获 4×100 米自由泳接力冠军，创世界纪录；9 月 9 日以 57 秒 54 获 100 米自由泳冠军，创世界纪

科内利娅·恩德尔奋力拼杀

录。在 1975 年于卡利举行的第 2 届世界游泳锦标赛上，她又蝉联 4 项冠军，并在 4×100 米自由泳接力赛上与队友创造了 3 分 49 秒 37 的世界纪录，是世锦赛历史上获奖牌最多的女子游泳运动员。

恩德尔是游泳史上打破世界纪录最多的游泳选手，共创下单项世界纪录 23 个和接力项目世界纪录 6 个，1973 年和 1975 年两次被《国际体育通讯》评为"世界最佳女运动员"，1976 年被评为德国"最佳女子运动员"。

"鱼雷" 选手——伊恩·索普

伊恩·索普，澳大利亚最有名的游泳健将，世界泳坛最伟大的选手之一。他身高 1.96 米，体重 104 千克。因其姓与鱼雷在词形上有相似之处，并且索普的速度堪称泳池内的鱼雷，在澳大利亚享有"飞鱼索普"以及"鱼雷"之称。

1982 年伊恩·索普出生在澳大利亚新南威尔士州首府悉尼，5 岁开始练习游泳，1996 年在分龄组全国游泳锦标赛中独得 5 枚金牌，开始在澳大利亚全国引起关注。1997 年，索普以 14 岁 5 个月的年龄入选澳大利亚国家队，成为该队历史上年龄最小的队员。

在 1998 年世界游泳锦标赛上，15 岁的索普力挫群雄，成为最年轻的男子 400 米自由泳世界冠军。

举金牌的伊恩·索普

自 1998 年世锦赛夺冠后，索普在 400 米自由泳比赛中保持不败。2000 年悉尼奥运会上，索普在 200 米自由泳比赛中输给了荷兰名将霍根班德，但之后的比赛在该项目上再未失手。索普曾在 2001～2006 年四次当选世界最佳男子游泳运动员，赢得了 11 枚世锦赛金牌，其中在 2001 年的福冈世锦赛上夺得 6 枚金牌。在 2003 年巴塞罗那世锦赛上，索普成为历史上首位三次夺得世锦赛同一项目金牌的选手。

索普13次打破了长池（50米）的世界纪录，目前仍然是男子400米自由泳的世界纪录的保持者。索普取得1998年世锦赛400米自由泳、4×200米自由泳接力冠军；2000年悉尼奥运会400米自由泳金牌、200米自由泳银牌、4×100米、4×200米自由泳接力金牌；2001年世锦赛200米自由泳、400米自由泳、800米自由泳、4×100米自由泳接力、4×200米自由泳接力和4×100米混合泳接力冠军。自2004年雅典奥运会后，索普一直深受伤病的困扰，在其后的两年多时间里只参加过一些小型的比赛。2006年由于伤病的困扰，年仅24岁的5枚奥运金牌得主索普不得不正式宣布退役。

"长距离之王"——格兰特·哈克特

格兰特·哈克特是澳大利亚国家游泳队队长，1980年5月9日出生于澳大利亚昆士兰州绍斯波特，身高1.98米，体重96千克。

哈克特是澳大利亚泳坛的一块金字招牌，在2000年悉尼奥运会和2004年雅典奥运会中获得了1500米自由泳金牌，并包揽了1996年至2005年之间世锦赛该项目的全部金牌，被认为是历史上1500米自由游项目中最出色的一个人物。

哈克特曾经带伤参加2004年雅典奥运会，当时他的肺部局部性紧缩，但是他没有将自己的伤情告诉医疗队，因为怕对方会不允许自己参加比赛。他说他在雅典时要与支气管感染作斗争，大家后来才知道此事。他的肺部内侧有积水，比赛期间他25%的肺部功能丧失。2004年上半年，他因为支气管炎而住进医院。从2月到11月之间接受了15个疗程的抗生素治疗来缓解病情。

2007年11月，哈克特被诊断出患有由于训练导致的气喘病，并且

泳道中的格兰特·哈克特

有呼吸疾病史。医生说他的病之所以在过去没有被诊断出来是因为很难判断他的呼吸困难是否是由于肺活量较大所造成的。

疾病等原因使哈克特与2008年奥运会1500米自由泳冠军无缘，但这丝毫无损哈克特在人们心中的形象。他依然是世界泳坛的"长距离之王"。对于一名长距离游泳运动员来说，肺部的功能一定程度上决定了运动员的成绩，而哈克特就是拖着一个残缺的肺在继续着他的游泳事业的，所以，他无缘冠军，人们可以理解。无论如何，自1997年以来，他几乎统治了男子1500米项目整整十年。对于他的勇气，人们非常敬佩。

哈克特除了在长距离项目有所建树外，还和队友合作多次获得了4×100米自由泳接力以及4×200米自由泳接力比赛的金牌。

泳坛的传奇人物——马克·斯皮茨

马克·斯皮茨是一位美国泳坛的传奇人物，曾在1972年慕尼黑夏季奥运会上独得7块金牌，在2008年之前一直保持单届奥运会夺金最多纪录。在2008年北京奥运会上这一记录被游泳天才迈克尔·菲尔普斯超越。

1950 年 2 月 10 日，马克·斯皮茨出生于在美国加利福尼亚州的莫德斯托，16 岁时，斯皮茨赢得美国业余体育联盟 100 米蝶泳的冠军，这是他 24 个美国业余体育联盟的冠军中的其中一个。

斯皮茨在 1967 年于的温尼伯举办的泛美运动会中夺得 5 面金牌，创下赛会纪录，这项纪录直到 2007 年第 15 届泛美运动会中，才被巴西的游泳选手皮瑞拉于里约热内卢夺得 6 面金牌而打破。

1968 年墨西哥城奥运会，斯皮茨只在 4×100 米自由式与 4×200 米自由式接力这两个项目获得金牌，另外在 100 米蝶式及 100 米自由式分别夺得银牌与铜牌。

在 1972 年慕尼黑奥运中，斯皮茨共夺得 7 面金牌。分别是在 100 米自由泳、200 米自由泳、100 米蝶泳、200 米蝶

马克·斯皮茨

泳、4×100 米自由泳接力、4×100 米混合接力与 4×200 米自由泳接力夺得金牌，并且在这 7 个项目上都打破了世界纪录。

游泳天才——迈克尔·菲尔普斯

迈克尔·菲尔普斯，美国最出色的游泳冠军，世界罕见的游泳天才。他身高 1.93 米，体重 79 千克。

1985 年，迈克尔·菲尔普斯出生于美国马里兰州·巴尔的摩市。迈克尔·菲尔普斯的父亲也曾是一名优秀运动员。

在 1999 年的美国少年运动会上，迈克尔·菲尔普斯打破了 20 岁年龄组 200 米蝶泳的纪录。15 岁时，菲尔普斯作为美国 68 年以来最年轻的奥运游泳选手参加了悉尼奥运会。虽然初登奥运赛场的他没有在悉尼收获一枚奖牌，但在随后的福冈游泳世锦赛上，菲尔普斯以破世界纪录（当时世界记录为 1 分 54 秒 58）的成绩夺得 200 米蝶泳金牌。而他 15 岁零 11 个月的年龄也使他成为打破泳池世界纪录最年轻的人。

狂进的迈克尔·菲尔普斯

2003 年，菲尔普斯在巴塞罗那世锦赛上五次打破世界纪录四次站在最高领奖台上，创造了在同一届比赛中的又一个壮举。他在比赛中成功卫冕了 200 米蝶泳冠军，同时还夺得了 200 米和 400 米个人混合泳金牌并创造世界纪录。此外，他还赢得了混合泳接力的金牌并在 100 米蝶泳的半决赛中刷新了世界纪录，但在决赛中输给了队友克罗克。凭借如此出色的战绩，菲尔普斯当之无愧地被评为 2003 年度世界最佳男子游泳运动员。

2004 年，菲尔普斯获得了雅典奥运会 200 米和 400 米个人混合泳、100 米和 200 米蝶泳、4×200 米自由泳接力和 4×100 米混合泳接力金牌，200 米自由泳和 4×100 米自由泳接力铜牌；与名将斯皮茨保持的一届奥运会夺七枚金牌的纪录擦肩而过。

2005 年，菲尔普斯又获得了世锦赛 200 米自由泳、200 米个人混合泳、4×100 米和 4×200 米自由泳接力、4×100 米混合泳接力冠军。

2007 年，菲尔普斯在墨尔本世锦赛上独揽 7 金，打破索普保持的一届世锦赛夺得六金的纪录，此外他还打破了五项世界纪录。截至

2007 年他在世锦赛上已经夺得 20 枚奖牌，超越澳大利亚选手哈克特成为世锦赛历史上夺牌最多的选手。

2008 年，在北京奥运会上，菲尔普斯大展神威，获得 200 米和 400 米个人混合泳、100 米和 200 米蝶泳、200 米自由泳、4×100 米混合泳接力、4×100 米自由泳接力、4×200 米自由泳接力冠军，并打破 200 米蝶泳、200 米自由泳、200 米和 400 米个人混合泳、4×100 米混合泳接力及 4×200 米自由泳接力等 7 项世界纪录。

雅典奥运会菲尔普斯头戴橄榄枝

到目前，菲尔普斯保持着这些荣誉：①男子 200 米蝶泳、200 米自由泳、200 米和 400 米个人混合泳四个项目的世界纪录保持者；②2003 年至 2004 年连续两年当选世界最佳男泳手；③2006 年至 2007 年连续两年当选世界最佳男泳手。④2008 年北京奥运会获 8 枚金牌，破 7 项世界纪录。

菲尔普斯缔造了世界泳坛的一个传奇，他获得奥运会 18 枚金牌共 22 枚奖牌，成为现代奥运会历史上，获得金牌数量以及奖牌数量最多的运动员。由于这个原因，国际泳联为菲尔普斯颁发了特别奖——"最伟大的奥林匹克运动员"奖。

来自冰城的游泳冠军——焦刘洋

焦刘洋，中国国家女子游泳队蝶泳运动员。2005年第十届全运会200米蝶泳亚军；2006年全国游泳冠军赛女子200米蝶泳银牌；2008年北京奥运会女子200米蝶泳比赛银牌，与刘子歌一起打破了世界纪录；2012年伦敦奥运会女子200米蝶泳决赛冠军。

北京奥运会泳池中拼杀的焦刘洋

1991年8月6日，焦刘洋出生于黑龙江哈尔滨市，身高1.72米，体重59千克，2005年第十届全运会，焦刘洋努力拼搏，最终取得了200米蝶泳铜牌。之后，焦刘洋入选了国家队，并且一直以正式队员的身份跟随国家队教练刘海涛训练。2006年获得了全国游泳冠军赛女子200米蝶泳的银牌，同年，世界杯短池游泳赛斯德哥尔摩站，焦刘洋获得女子200米蝶泳第二名，女子100米蝶泳第三名。2007年在墨尔本世锦赛上，16岁的焦刘洋，获得中国女子个人最好名次——200米蝶泳第四名，游出了自己最好成绩2分7秒22。当时，200米蝶泳世界纪录为2分5秒40，由澳大利亚选手施佩尔保持，而前一年突破2分6秒大关的只有波兰选手杰德扎齐克。焦刘洋的200米蝶泳成绩排名为2007年世界最好成绩的第五位，与其差距并不大。2008年，焦刘洋又在全国游泳冠军赛暨奥运会选拔赛女子200米蝶泳中获得亚军，成绩是2分08秒64。之后，在北京奥运会上，努力拼杀，获得了女子200米蝶泳亚军，并打破了世界纪录，成绩是 2 分 04 秒 72。2009 年罗马游泳世锦赛上，焦刘洋获得女子 100 米蝶泳铜牌，并打破亚洲纪录。2011 年，焦刘洋参加上海世界游泳锦标赛，勇获女子 200 米蝶泳冠军，成绩是 2 分 05 秒 55。同年，获得短池游泳世界杯新加坡站女子 100 米蝶泳亚军，成绩是 56 秒 89；北京站女子 100 米蝶泳季军；北京站女子 100 米仰泳冠军；北京站女子 100 米混合泳并列冠军。2012 年，获得全国游泳冠军赛女子 50 米蝶泳亚军；全国游泳冠军赛女子 200 米蝶泳冠军。最为辉煌的也是在这一年，之后参加伦敦奥运会，获得伦敦奥运会女子 200 米蝶泳冠军，并打破了奥运会纪录，成绩为 2 分 04 秒 06。

中国泳坛首位大满贯得主——叶诗文

叶诗文，中国国家女子游泳队队员，中国游泳个人单届两项奥运会冠军。1996 年 3 月 1 日生于浙江杭州。

2010 年，14 岁的叶诗文首次参加亚运会就夺得女子 200 米、400 米个人混合泳两项冠军，成为我国国家游泳队一颗冉冉升起的新星。2011 年上海世界游泳锦标赛上夺得 200 米混合泳冠军，澳大利亚名将考特斯以 2 分 09 秒 00 获

叶诗文在比赛中

得银牌，美国名将库克尔斯以 2 分 09 秒的成绩收获铜牌。2012 年伦敦奥运会上，16 岁的叶诗文在女子 400 米混合泳决赛中，以 4 分 28 秒 43 的成绩夺得冠军并打破世界纪录。随后在女子 200 米混合泳比赛中，两

次打破奥运会纪录，以 2 分 07 秒 57 夺冠，创造了中国游泳个人单届获得两项奥运冠军的历史。2012 年 12 月，在土耳其伊斯坦布尔短池游泳世锦赛上以 2 分 04 秒 64 获得女子 200 米个人混合泳冠军，并打破赛会纪录和亚洲纪录，至此完成女子个人 200 米混合泳全满贯。同时此块金牌正好是中国队参加短池世界锦标赛以来的第 100 块奖牌，中国队也由此成为继美国和澳大利亚之后，第三个奖牌数达到三位数的国家。叶诗文不但是中国泳坛第一个大满贯得主，也是世界泳坛历史上年龄最小的全满贯运动员。

叶诗文身披国旗

2013 年 1 月 18 日，叶诗文又获得首届中国、澳大利亚、南非三国游泳对抗赛女子 200 米个人混合泳冠军。19 日，叶诗文再接再厉，又获得首届中国、澳大利亚、南非三国游泳对抗赛女子 400 米个人混合泳冠军。26 日，迈阿密超级挑战赛上，叶诗文获得女子 200 米个人混合泳冠军和女子 100 米自由泳冠军。同年 4 月 2 日，叶诗文又获得全国游泳冠军赛女子 200 米个人混合泳冠军，4 日，又获得全国游泳冠军赛女子 200 米自由泳冠军，7 日，又获得全国游泳冠军赛女子 200 米仰泳冠军。8 日，获得全国游泳冠军赛女子 400 米个人混合泳冠军。

中国的"索普"——孙杨

孙杨，中国国家游泳队男子运动员，奥运会"双料"冠军。

1991 年 12 月 1 日，孙杨生于浙江省杭州市一个体育世家，先是在一家业余体校接受训练，后来因成绩突出接受专业训练。2007年，孙杨参加了全国游泳锦标赛，在1500米比赛中，孙杨战胜了我国游泳健将张琳，拿下1500米冠军；2009年成8月参加了第十三届世界游泳锦标赛，获得1500米自由泳第三名。同年10月，在第十一届全国运动会上，他在所有参赛项目中又向当时张琳发起全面挑战，在男子200米和400米自由泳挑战相继失利的情况下，不气馁不放弃，在距离最长、最为艰苦的1500米自由泳项目上终于以坚忍不拔的毅力、顽强的比赛作风，战胜了对手，成为我国的长距离之王。

2011年4月全国游泳冠军赛，孙杨以14分42秒52的巨大优势轻松摘得男子1500米自由泳金牌；在男子200米自由泳决赛中，孙杨又以1分44秒99打破了张琳保持的全国纪录，距韩国选手朴泰桓保持的亚洲纪录也只有0.19秒的差距，接着，孙杨又以3分41秒48的成绩夺得男子400米自由泳冠军，这个成绩距离张琳2009年罗马世锦赛创造的3分41秒35的亚洲纪录只有0.13秒，即便是和德国人比德曼的世界纪录3分40秒07相比，也只差了1秒41。

2011年7月，孙杨参加在上海举办的世锦赛，在男子1500米自由泳决赛中，孙杨以14分34秒14夺得冠军，并打破这个项目保持了10年之久的世界纪录，这是中国男泳首次登顶奥运项目，同时孙杨也成为中国男泳第一位双冠王。

2012年8月4日，举世瞩目的伦敦奥运会上，孙杨在男子1500米自由泳决赛中，顽强拼搏，尽展所能，最终以14分31秒02的成绩获得该项目冠军，并打破世界纪录，被泳坛誉为"中国的索普"。

2012年伦敦奥运会上，在

孙杨获得冠军

男子 400 米自由泳决赛中，孙杨夺得中国男子游泳奥运会第一枚金牌；男子 200 米自由泳决赛中，孙杨与金牌失之交臂夺得了银牌；在男子 4×200 米自由泳接力决赛中，中国队依靠孙杨最后一棒发力提升了两个名次而夺得铜牌，这是我国男子游泳奥运会接力第一枚奖牌；在男子 1500 米自由泳决赛中，孙杨顽强拼搏，尽展所能，终以 14 分 31 秒 02 的成绩获得该项目冠军，并打破了由自己保持的原世界纪录。

孙杨获奖

日本"蛙王"——北岛康介

北岛康介，日本著名蛙泳运动员，号称日本"蛙王"，曾三次打破世界纪录，2008 年北京奥运会上夺得男子组 100 米、200 米蛙泳冠军。

北岛康介 1982 年 9 月出生于日本东京，毕业于日本体育大学，身高 1.78 米，体重 68 千克。

17 岁时北岛康介参加了悉尼奥运会，以微弱的差距与奖牌失之交臂，在男子 100 米蛙泳比赛中排名第四。在 2001 年福冈世锦赛上，北岛康介再次排名 100 米蛙泳的第四名，但在 200 米蛙泳比赛中获得第三，赢得了职业生涯中的第一枚大赛奖牌。

2002 年的韩国釜山亚运会成为北岛康介确定自己世界蛙坛地位的地方，他在这届亚运会 200 米比赛中打破了美国选手巴罗曼保持了 10

年之久的世界纪录。2003 年，北岛在巴塞罗那世锦赛上又打破了男子
100 米蛙泳的世界纪录，并夺得冠军。尽管在世锦赛前俄罗斯选手科莫
尼科夫打破了北岛康介保持了 200 米蛙泳世界纪录，但北岛康介在随后
的世锦赛中又将世界纪录夺了回来。

在 2004 年 6 月的美国奥运游泳选
拔赛上，美国选手汉森打破了北岛康
介的 100 米蛙泳世界纪录，北岛康介
希望能在奥运会上重新夺回这一纪录。
这一愿望没有落空。在 2004 年雅典奥
运会上，北岛康介获得了男子 200 米
蛙泳和 100 米蛙泳的金牌，21 岁的北
岛康介成为继铃木大地之后，第二位
夺得奥运会游泳金牌的亚洲男子选手。
铃木大地曾在 1988 年的 1980 年汉城
奥运会上夺得了 100 米仰泳的金牌。

在 2008 年 8 月 11 日举行的北京
奥运会男子蛙泳比赛中，北岛康介再
次打破男子蛙泳 100 米世界纪录并且
成功卫冕，成为了名副其实的"世界蛙王"。

北岛康介获奖

PART 13 历史档案

　　在大大小小的运动盛会上，运动员奋力拼搏，努力向前，向更快、更高、更强的目标冲刺，新的世界纪录不断产生，继而又被打破，没有最好、最高、最快，只有更好、更高、更快，这就是体育运动的魅力。这些历史纪录记录下来的是往昔的辉煌，是今日的目标，带给人们的不仅仅是满足和自豪，更多的是自信和期许。

男子世界 50 米游泳纪录

世界、亚洲游泳纪录（50 米池）

截至 2008 年

项目	世界纪录			亚洲纪录		
50 米自由泳	21″28	埃蒙·沙利文	巴西	22″18	山野井智	日本
100 米自由泳	47″05	埃蒙·沙利文	澳大利亚	49″56	陈祚	中国
200 米自由泳	1′42″96	迈克尔·菲尔普斯	美国	1′47″12	朴泰恒	韩国
400 米自由泳	3′40″08	伊恩·索普	澳大利亚	3′45″72	朴泰恒	韩国
800 米自由泳	7′38″65	格兰特·哈克特	澳大利亚	7′55″11	松田丈志	日本
1500 米自由泳	14′34″56	格兰特·哈克特	澳大利亚	15′00″27	张琳	中国
50 米仰泳	24″	利亚姆·坦科克	英国	25″18	欧阳鲲鹏	中国
100 米仰泳	52″54	阿隆·佩尔索尔	美国	53″85	森田智己	日本
200 米仰泳	1′53″94	瑞安·洛赫特	美国	1′57″17	中野高	日本

项目	世界纪录			亚洲纪录		
50 米蛙泳	27″18	奥列格·利索戈尔	乌克兰	57″78	北岛康介	日本
100 米蛙泳	58″91	北岛康介	日本	59″78	北岛康介	日本
200 米蛙泳	2′07″51	北岛康介	美国	2′09″42	北岛康介	日本
50 米蝶泳	22″96	诺兰德·斯其尔曼	南非	23″86	周嘉威	中国
100 米蝶泳	50″04	芒克	斯洛文尼亚	52″27	山本贵司	日本
200 米蝶泳	1′53″80	迈克尔·菲尔普斯	美国	1′54″56	山本贵司	日本
200 米混合泳	1′54″23	迈克尔·菲尔普斯	美国	1′59″81	松田武	日本
400 米混合泳	4′03″84	迈克尔·菲尔普斯	美国	4′14″79	三木二郎	日本
4×100 米自接力	3′08″24		美国队	3′19″20		日本队
4×200 米自接力	6′58″56		美国队	7′13″60		日本队
4×100 米混接力	3′29″34		美国队	3′35″22		日本队

女子亚洲 50 米游泳纪录

世界、亚洲游泳纪录（50 米池）

截至 2008 年

项目	世界纪录			亚洲纪录		
50 米自由泳	24″09	维德修斯	荷兰	24″51	乐靖宜	中国
100 米自由泳	53″30	亨利·朱迪	澳大利亚	54″01	乐靖宜	中国
200 米自由泳	1′55″45	费代丽卡·佩莱格里尼	意大利	1′56″89	吕彬	中国
400 米自由泳	4′01″53	佩莱格里尼	意大利	4′05″00	陈妍	中国
800 米自由泳	8′14″10	丽贝卡·阿德林顿	英国	8′23″68	山田沙知子	日本
1500 米自由泳	15′42″54	凯特·齐格勒	美国	16′06″13	山田沙知子	日本
50 米仰泳	28″	麦克格雷戈里	美国	28″31	高畅	中国
100 米仰泳	58″77	柯丝蒂·考文垂	津巴布韦	59″81	赵菁	中国

续 表

项目	世界纪录			亚洲纪录		
200 米仰泳	2′05″24	柯丝蒂·考文垂	津巴布韦	2′07″40	贺慈红	中国
50 米蛙泳	29″28	杰茜卡·哈迪	美国	30″64	罗雪娟	中国
100 米蛙泳	1′05″09	雷斯林·琼斯	澳大利亚	1′06″64	罗雪娟	中国
200 米蛙泳	2′20″22	丽贝卡·索尼	美国	2′22″99	齐晖	中国
50 米蝶泳	25″57	安娜·卡琳·卡默林	瑞典	26″30	周雅菲	中国
100 米蝶泳	56″61	德布鲁因	荷兰	58″32	周雅菲	中国
200 米蝶泳	2′04″18	刘子歌	中国	2′06″52	中西悠子	日本
200 米混合泳	2′08″54	斯蒂芬妮·莱斯	澳大利亚	2′09″72	吴艳艳	中国
400 米混合泳	4′26″52	柯丝蒂·考文垂	津巴布韦	4′34″79	陈妍	中国
4×100 米自接力	3′35″22		德国	3′37″91		中国队
4×200 米自接力	7′44″31		澳大利亚	7′55″97		中国队
4×100 米混接力	3′52″69		澳大利亚	3′59″89		中国队

现代奥运会游泳金牌榜

排位	国 家	男子	女子	总数	%
1	美国	118	84	202	44.5
2	德国（联邦德国、民主德国）	18	35	53	11.7
3	澳大利亚	32	20	52	10.5
4	匈牙利	13	11	24	5.3
5	俄罗斯（苏联、独联体）	17	4	21	4.6
6	日本	14	4	18	4.0
7	荷兰	3	13	16	3.5
8	英国	9	4	13	2.9

排位	国　　家	男子	女子	总数	%
9	瑞典	8		8	1.8
10	加拿大	6	1	7	1.5
11	中国		6	6	1.3
12	南非	1	3	4	0.9
13	乌克兰		4	4	0.9
14	爱尔兰		3	3	0.6
15	意大利	3		3	0.4
16	罗马尼亚		3	3	0.7
17	法国	2		2	0.7
18	新西兰	2		2	0.5
19	丹麦		2	2	0.5
20	奥地利	1		1	0.2
21	阿根廷	1		1	0.2
22	比利时	1		1	0.2
23	西班牙	1		1	0.2
24	苏里南	1		1	0.2
25	墨西哥	1	1	1	0.2
26	保加利亚		1	1	0.2
27	南斯拉夫		1	1	0.2
28	哥斯达黎加		1	1	0.2
29	波兰		1	1	0.2
30	津巴布韦			1	0.2
合计		253	202	454	

2008年北京奥运会游泳比赛成绩

2008年北京奥运会游泳比赛在北京奥林匹克公园的国家游泳馆"水立方"举行（男、女10千米马拉松游泳比赛在北京顺义的奥林匹克水上公园举行）。

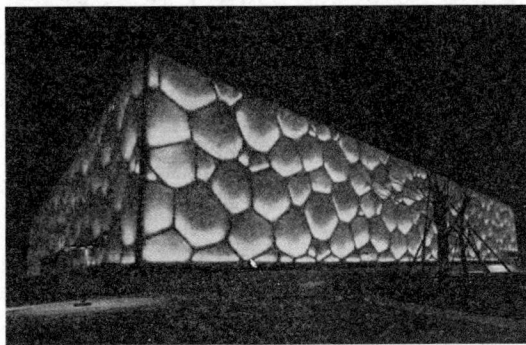

"水立方"夜景

奥运会比赛采用预赛、半决赛和决赛赛制。各项目按照预赛的成绩选出前16名举行半决赛，根据半决赛成绩选出前8名进行决赛。在为期9天的激烈角逐中，有32个项目的21项世界纪录被打破，占32个游泳项目的65%。在"水立方"获得8枚金牌的美国超级游泳天才迈克尔·菲尔普斯赛后说，在"水立方"比赛如同置身在水晶宫，看到游泳池上空"水泡泡"晶莹剔透与蓝天浑然一体，人好像置身在蓝天白云的大自然中，很舒服、很兴奋。

游泳天才菲尔普斯在100米、200米蝶泳和200米、400米混合泳以及200米自由泳共5个单项、3个接力项目中共夺8块金牌，超过了历史上他的前辈斯皮茨创造的一届奥运会上夺7金的成绩。菲尔普斯创造了世界体坛界的神话。此外，美国仰泳选手莱恩·洛奇和阿伦·佩尔索、日本蛙王北岛康介、澳大利亚女子混合泳选手斯蒂芬妮、英国的长距离自由泳选手丽贝卡·阿灵顿、德国短距离自由泳选手布里塔·斯蒂芬分别在相关领域里夺取了 2 枚金牌。剩下的 11 金，意大利名将佩里格尼、美国的库格林、津巴布韦的考文垂、澳大利亚的琼斯、特里克特、法国的贝尔纳各取 1 金。中国的刘子歌、美国的丽贝壳卡·桑尼、巴西的小西埃罗、韩国的朴泰桓、突尼斯的迈卢利都不是夺冠呼声最高的选手，这次也从名将中突围而出，登上最高领奖台。从金牌分布看，美国 12 金维持了雅典盛世，澳大利亚 6 金比上届减少 2 金，但两大国夺金总数超过 32 枚的一半，表明两大霸主地位仍不可动摇；英国、德国各有 2 金，法国、荷兰、意大利各有 1 金，欧洲总共 7 金，与上届持平；日本 2 金、韩国 1 金、中国 1 金、非洲 2 金、拉美 1 金，表明两大国之外的各路健将始终都在与发达国家顽强竞争，努力争取在世界泳坛的地位。

在这次比赛中，我国游泳队也取得了骄人的成绩，有 45 名运动员获得参赛资格（男子 17 名、女子 28 名），取得了 1 金 3 银 2 铜总计 6 枚奖牌，打破 1 项世界纪录，刷新 1 项奥运会纪录和 11 项亚洲纪录，使我国游泳队比赛成绩达到了奥运会周期的最高峰。

在我国游泳队打破亚洲纪录、夺取奖牌的项目中，张琳的男子 400 米自由泳银牌、庞佳颖的女子 200 米自由泳铜牌、女子 4×200 米自由泳接力银牌、女子 4×100 米混合泳接力铜牌的成绩提高幅度最大，即使是没有夺牌的项目，张琳在男子 1500 米自由泳和 800 米自由泳、孙杨的 1500 米自由泳、周雅菲的女子 100 米蝶泳、孙晔的女子 100 米蛙泳、李玄旭的女子 400 米混合泳和 800 米自由泳、朱颖文和庞佳颖的女子 100 米自由泳、赵菁的女子 100 米仰泳都有明显进步。

这次比赛中，最令国人惊讶的是两位新人刘子歌、焦刘洋双双打破女子 200 米蝶泳世界纪录，并包揽金银牌。这是时隔 7 年后，中国游泳队再次破世界纪录。两位小将把自己的最好成绩提高了 2~3 秒。

就我国运动员的水平整体而言，与世界先进的游泳强国相比，还有较大的差距，可喜的是这种差距在不断地缩小。

2012 年国际泳联马拉松世锦赛

2012 年 10 月 13 日，来自中国、德国、俄罗斯、美国等 11 个国家和地区的 31 位游泳运动员齐聚汕头新津河正大体育馆段，角逐由国际泳联主办、中国游泳协会、广东省体育局和汕头市人民政府联合承办的 2009 年国际泳联 10 千米马拉松游泳世界杯赛中国汕头站的比赛。

比赛分为男子 10 千米和女子 10 千米两个项目，线路为折返形式。经过两个多小时的较量，德国选手托马斯·卢尔茨以 2 小时 3 分 15 秒 19 的成绩第一个冲到终点，夺得男子组冠军，巴西的阿兰·卡尔莫、美国的弗朗·克里宾分别获得第二名和第三名。在女子组比赛中，巴西选手波利亚娜·奥基莫托以 2 小时 12 分 30 秒 29 的成绩获得桂冠，德国选手纳丁·帕斯特、安格拉·毛雷尔夺得亚、季军。

汕头市自 2006 年起已连续 4 年成功举办了国际泳联马拉松游泳世界杯赛，吸引了全世界五大洲近 20 多个国家和地区共 100 多名运动员、教练员来汕参赛。